AF561284

MEMOIRE

POUR

M. LE MARECHAL,

DUC DE RICHELIEU,

PAIR DE FRANCE.

CONTRE

MADAME LA PRÉSIDENTE

DE SAINT-VINCENT.

A PARIS.

DE L'IMPRIMERIE DE LOUIS CELLOT,

RUE DAUPHINE.

M. DCC. LXXV.

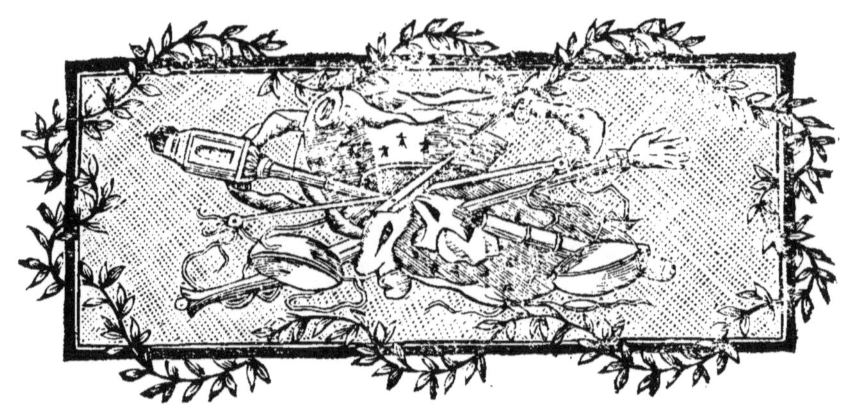

MÉMOIRE

POUR M. le Maréchal, DUC DE RICHELIEU, Pair de France.

CONTRE Madame la Présidente DE SAINT-VINCENT.

MONSIEUR le Maréchal de Richelieu, en dénonçant à la Justice le crime dont il accuse Madame de Saint-Vincent, a contracté l'obligation de l'en convaincre. Mais la preuve qu'il en devoit administrer étoit assujettie à la lenteur des formes. Le moment eſt arrivé où il peut dévoiler enfin toute les horreurs & les abſurdités que réuniſſent le *faux* dont Madame de Saint - Vincent s'eſt rendue coupable , & la fable qu'elle a imaginée pour s'en diſculper.

Les faits (1) que M. le Maréchal de Richelieu va publier , juſtifieront l'opinion de ceux à qui l'audace de l'Accuſée n'en a point impoſé ; ils fixeront les idées des perſonnes qui ont été au moins aſſez équitables pour ſuſpendre leurs jugemens ; ils détruiront enfin les préventions momentanées qu'auroient pu faire naître dans quelques eſprits les calomnies de Madame de Saint-Vincent , & les déclamations de ceux qui ont embraſſé ſi ouvertement ſa défenſe.

---

(1) Ces faits ſont prouvés, ou par des pieces originales ; ou par les interrogatoires des Accuſés, qui ſont ſous les yeux des Juges , & qui ſeront indiqués en marge du Mémoire ; ou doivent être prouvés par les informations.

FAITS.

MADAME de Saint-Vincent a cru devoir enchaîner presque tous les événemens de sa vie dans la fable qu'elle a imaginée (1). On la suivra d'autant plus volontiers dans ce plan, qu'il n'est presque point de lieux qu'elle ait habité, où elle n'ait laissé des traces de son goût, de ses talens pour les faux, & de son habitude à les exercer.

Cinq Epoques principales partagent naturellement les détails immenses auxquels la nécessité de ne rien laisser sans éclaircissement, force M. de Richelieu de se livrer.

LA conduite de Madame de Saint-Vincent, jusques à son séjour à Poitiers, commencera le développement de son génie & de son caractere.

SON séjour à Poitiers la présentera dans un jour

---

(1) Ce n'est point dans ces libelles, composés avec art & malignité, où la prudence dissimule les aveux nuisibles, & où l'imagination supplée ce que les Accusés n'ont point eux-mêmes osé proposer, qu'il faut chercher le véritable systême de Madame de Saint-Vincent. C'est dans ses interrogatoires, dans les réponses qu'elle y a faites, & dans celles des co-Accusés. C'est à cette défense judiciaire & personnelle à Madame de S. Vincent que l'on s'attachera uniquement, en abandonnant à leur inutilité les brochures dont on vient de parler.

plus intéreſſant encore, & plus relatif à l'affaire actuelle.

On la verra enſuite conſommer à Paris, avec une intrépidité incroyable, par des faux réitérés, un projet précédé d'une multitude d'autres fauſſetés.

Le tableau de ſa conduite, au moment où ſon crime a éclaté, & avant qu'il fût dénoncé à la Juſtice, élevera contr'elle le témoignage même de ſa conſcience.

Les artifices de ſa défenſe acheveront de fixer le jugement qu'on doit porter de ſa prétendue juſtification.

Premiere Epoque.

La Demoiſelle de Vence eſt née en Provence dans la ville du même nom, dont ſa famille partage le Domaine & la Seigneurie avec l'Evêque.

Elle a épouſé, à l'âge de quinze ans, un des premiers Magiſtrats du Parlement d'Aix; & elle n'avoit point encore atteint dix-neuf ans, qu'elle avoit été envoyée & détenue, par ordre du Roi, dans le Couvent d'Arpajoni de la ville de Milhaud, ſituée dans le fond du Rouergue.

L'ordre du Roi, la résistance qu'elle a éprouvée de la part de sa famille, lorsqu'elle a sollicité, au bout de vingt années, un changement de Couvent, suffisent pour prouver que ce premier séjour n'étoit point, comme elle le suppose, *une séparation volontaire, produite par la simple incompatibilité des humeurs* *. M. de Richelieu n'approfondira point quelle étoit la nature des premieres fautes dont cet ordre étoit la punition.

* Premier interrogatoire, art. 2.

Madame de Saint-Vincent, de son propre aveu, n'avoit encore eu aucunes relations directes ou indirectes avec M. de Richelieu *. Une occasion fort simple les fit naître long-tems après son entrée dans ce Couvent. Milhaud se trouvoit dans le ressort du Gouvernement de M. de Richelieu. Un parent de la Prieure du Couvent desiroit une grace que le crédit de M. le Maréchal pouvoit lui faire obtenir. On savoit qu'il étoit allié de Madame de Saint-Vincent : ce titre parut suffisant pour invoquer sa médiation & pour en espérer le succès.

* *Ibid.* art. 4.

Madame de Saint-Vincent se fit honneur d'un événement aussi naturel. *Sa vanité*, pour employer ses propres expressions, *fut flattée d'une relation avec une personne puissante* *. La parenté & la reconnoissance lui fournirent un prétexte pour engager une simple correspondance par lettres, *qui n'étoit*, suivant elle-même, *que sur un ton de cérémonie tendre* *; mais qui, suivant les seules lettres qu'elle représente, n'étoit en effet que sur le ton d'amitié & d'intérêt

* *Ibid.* art. 4.

* *Ibid.*

convenable à la parenté & à la ſituation où elle ſe trouvoit.

Cette correſpondance ne devoit naturellement procurer à Madame de Saint-Vincent que l'avantage d'une plus grande conſidération dans le lieu de ſa détention. Mais ſes talens pour l'intrigue lui en firent tirer des reſſources plus utiles.

Deux mille cinq cent livres de penſion, que M. de Saint-Vincent lui faiſoit payer exactement, pouvoient ſuffire à ſa ſubſiſtance dans un Couvent ſitué au fond du Rouergue. Mais les informations faites à Milhaud doivent conſtater qu'elle y faiſoit des dépenſes exceſſives. Ces dépenſes conduiſoient à des emprunts, & les emprunts exigeoient un crédit. Madame de Saint-Vincent le chercha dans la qualité de parente du Gouverneur de la Province ; elle ne ceſſoit de faire valoir ce titre ; montroit les lettres de M. de Richelieu & en fabriquoit d'analogues à ſes vues. C'eſt un artifice dont on la verra uſer fréquemment dans la ſuite ; & le fait qui ſuit prouvera qu'elle avoit acquis ce talent dès le tems de ſon ſéjour à Milhaud.

Madame de Saint-Vincent avoit engagé le ſieur Antoine, Médecin de cette Ville, à lui faire prêter une ſomme de 1000 livres. Flatté de pouvoir obliger une femme à qui il croyoit le plus grand crédit, il s'étoit donné tous les mouvemens néceſſaires, & étoit parvenu à lui faire trouver la ſomme. Madame de Saint-Vincent voulut paroître reconnoiſſante, &

lui

lui demanda ſi elle pouvoit elle-même lui être de quelque utilité. Le Sr Antoine lui ayant répondu qu'il deſireroit obtenir une place dans l'Hôpital Militaire, Madame de Saint-Vincent prit auſſi-tôt l'engagement de le lui procurer. En effet, un mois après, le ſieur Antoine reçoit, par les mains de Madame de Saint-Vincent, une prétendue lettre de M. de Richelieu, dans laquelle il promettoit de s'intéreſſer vivement à la perſonne qu'elle lui avoit recommandée. Le ſieur Antoine, qui avoit eu occaſion de connoître à Montpellier la ſignature de M. de Richelieu, conçut des ſoupçons ſur cette lettre. Pour les éclaircir, il alla comparer la lettre avec une autre que M. de Richelieu avoit écrite au Corps Municipal. Convaincu de l'impoſture, il retourna faire les plus vifs reproches à Madame de Saint-Vincent qui, craignant que l'aventure ne devînt publique, envoya ſa femme de chambre réclamer la lettre, que le ſieur Antoine lui rendit avec indignation.

Tous ceux qu'elle éblouiſſoit de ſon prétendu crédit n'avoient pas les mêmes occaſions de découvrir ſes fauſſetés. Elle trompa pluſieurs perſonnes par des artifices du même genre, emprunta, ou obtint des crédits.

La confiance publique diminuoit. Les Créanciers s'inquiétoient & menaçoient. Il falloit chercher un ſéjour moins importun, & où elle fût moins connue.

Milhaud eſt ſitué dans le Diocèſe de Rhodès, dont M. de Grimaldi, parent de Madame de Saint-Vincent, occupoit le siege. La mort de ce Prélat fut un prétexte assez naturel d'implorer le secours de M. de Richelieu pour un changement, que des circonstances plus affligeantes pour elle rendoient nécessaire. Depuis long-tems elle se plaignoit de la rigueur de la punition qu'on lui faisoit éprouver & plus encore de la dureté d'une famille dont elle supposoit ne point recevoir les secours nécessaires pour sa subsistance. Les bontés du Prélat lui avoient, disoit-elle, procuré des secours & des consolations; elle ne pouvoit plus les espérer que du parent généreux, auquel elle devoit une partie de la considération dont elle avoit joui, depuis qu'il avoit bien voulu prendre quelque intérêt à sa situation.

M. de Richelieu fut touché de ces instances. Cette femme avoit à se reprocher des égaremens de jeunesse. Mais une punition de vingt années avoit dû lui inspirer de solides réflexions. M. de Richelieu crut pouvoir concourir à l'adoucissement de sa position. Il consentit de solliciter pour elle la translation qu'elle desiroit, pourvu que ce fût dans un Couvent. Il négocia auprès du Ministre & de la famille de Madame de Saint-Vincent; & il ne dissimulera point qu'il éprouva beaucoup de résistance de la part de quelques parens, auxquels il doit rendre la justice qu'ils connoissoient beaucoup mieux que lui le caractere & l'ame de celle à laquelle sa franchise & sa bonté l'intéressoient. Il réussit malheureusement à surmonter ces obstacles, & obtint successivement deux ordres, qui transfererent Madame de Saint-Vincent, d'abord à Tarbes, où elle séjourna peu de tems, & ensuite à Poitiers.

Si l'on en croit Madame de Saint-Vincent * c'est M. de Richelieu, qui seul a desiré & provoqué ces changemens. C'est lui qui l'a traînée de Milhaud à Tarbes, & de Tarbes à Poitiers; & toutes ces courses n'avoient pour but que de raprocher de lui un objet pour qui l'on suppose qu'il avoit dejà conçu la passion la plus vive & la moins vraisemblable. On donne pour preuves de ces assertions, que M. de Richelieu a payé les dettes que Madame de Saint-Vincent avoit contractées à Milhaud, & qu'il lui a fait préparer à grand frais un appartement à Poitiers.

* Premier interrogatoire, art. 4.

Ces idées bizarres sont réservées aux Romans. Mais personne ne croira à une passion née pour une inconnue, du sein d'une simple correspondance par lettres, dont les seuls monumens existans ne présentent qu'une liaison d'amitié & de parenté. Madame de Saint-Vincent auroit dû au moins avoir la prudence, en déposant un recueil de ces lettres, d'en supprimer une, qui dément toute cette partie de son systême.

Cette lettre de M. de Richelieu est écrite à Madame de Saint-Vincent à Tarbes, le 12 Avril 1771, c'est-à-dire, dans le tems où il étoit question d'une seconde translation à Poitiers. On y voit que Madame de Saint-Vincent avoit elle-même laissé à l'Evêque le choix du lieu de sa retraite, *en lui présentant une liste d'un grand nombre de Couvents dont elle ne connoiſſoit aucuns*, & que M. de Richelieu, applaudiſſant à cette conduite, ne lui conſeilloit autre choſe que de demander *un ſéjour honnête :* ce qui prouve évidemment que M. de Richelieu n'entroit pour rien dans le changement qu'elle ſollicitoit.

Il n'eſt pas indifférent d'obſerver qu'il réſulte de cette même lettre la preuve que l'affaire ſe traitoit avec la famille & le mari de Madame de Saint-Vincent, & que M. de Richelieu n'y faiſoit que la fonction d'un Médiateur honnête, qui cherchoit à concilier les eſprits & les intérêts, & qui donnoit même à Madame de Saint-Vincent les conſeils les plus ſages, en lui reprochant *la légéreté de ſa tête* *.

* Voy. pieces juſtif. K. I.

A l'égard des deux faits, ſur leſquels Madame de Saint-Vincent prétend appuyer l'imputation qu'elle fait à M. de Richelieu, rien n'eſt ſi ſimple.

1°. Madame de Saint-Vincent n'avoit aucune relation formée à Poitiers, où elle avoit obtenu ſa tranſlation. M. de Richelieu, dont elle avoit réclamé la protection pour l'obtention de la grace, ſe chargea encore d'écrire au Secrétaire de l'Intendance de faire préparer pour Madame de Saint-Vincent l'appartement dont elle avoit beſoin. Mais il n'eſt entré dans aucun détail ſur une dépenſe, qui ne le concernoit point, & qui n'a point été, à beaucoup près, auſſi conſidérable qu'on le ſuppoſe. Elle ne pouvoit concerner que la famille de Madame de Saint-Vincent; & il exiſte une lettre de l'homme d'affaires de ſon mari, qui prouve qu'il avoit augmenté ſa penſion de 500 liv. par an pour l'aider à acquitter ſes dettes.

2°. Lorſque M. de Richelieu eut obtenu la grace que Madame de Saint-Vincent avoit deſirée, celle-ci lui fit l'aveu qu'elle avoit contracté à Milhaud quelques dettes criardes qu'elle ne portoit qu'à 1000 écus. Elle ne pouvoit, diſoit-elle, quitter décemment ſa premiere réſidence ſans les avoir acquittées. M. de Richelieu ne crut pas qu'un ſi foible obſtacle dût priver ſa parente du fruit de ſes démarches, & devoir lui refuſer ce nouveau ſecours. Mais il ne craint point que ce ſervice généreux puiſſe paſſer aux yeux des ames honnêtes pour une preuve de la fable, auſſi ridicule qu'indécente, dont Madame de Saint-Vincent a ſurchargé la premiere époque de ſon Roman.

IIe ÉPOQUE.

Madame de Saint-Vincent n'eſt arrivée à Poitiers, dans la Communauté de Ste Catherine, qu'au mois de Mai 1771.

L'empreſſement prétendu qui avoit porté M. de Richelieu à l'y attirer n'étoit pas bien vif, puiſque Madame de Saint-Vincent convient elle-même que M. de Richelieu ne l'a été voir, pour la premiere fois à Poitiers, que quatre mois après. Elle convient encore que, pendant le cours de deux années qu'a duré ſon ſéjour dans le Couvent de Poitiers, M. de Richelieu n'y a été que quatre fois *.

* Premier interrog. art. 12.

Ce n'a même jamais été que par occaſion.

M. de Richelieu n'a vu Madame de Saint-Vincent que dans ſes paſſages à Poitiers, en allant & revenant de ſon Gouvernement : la premiere fois en Septembre, la ſeconde fois en Novembre 1771, la troiſieme & la quatrieme fois en Juin & Août 1772 ; il étoit même pluſieurs fois accompagné de l'Evêque & de quelques autres perſonnes.

Suivant Madame de Saint-Vincent, ce ſont ces quatre viſites de bienſéance, parlons plus exactement, c'eſt la premiere qui eſt devenue le principe des bienfaits immenſes qui lui furent annoncés dès-lors, & dont les titres qu'elle repréſente ne ſont que l'exécution. Elle dit dans ſon premier interrogatoire, *qu'il s'eſt paſſé à Poitiers entr'elle & M. de Richelieu un événement qu'elle ne peut pas dire* * ; mais qu'elle n'a pas rougi cependant de caractériſer * dans ſon ſecond interrogatoire.

* Premier interrog. art. 4.
* 2e interrogatoire, art. 19.

Une foibleſſe auſſi prompte ne pourroit que donner une idée peu avantageuſe de la vertu de Madame de Saint-Vincent, ſans rendre ſa fable plus vraiſemblable. Vainement avoit-elle voulu préparer l'événement par la *curioſité* & *l'empreſſement* qu'elle avoit précédemment ſuppoſé à M. de Richelieu. On vient de voir le genre de relations qu'a produit cet empreſſement prétendu ; & peu de perſonnes ſe ſeroient perſuadées qu'elles euſſent pu devenir le principe d'une libéralité de 420,000 liv.

On a ſenti le foible d'un ſyſtême ſi ridicule ; on a voulu charger le tableau pour le rendre plus vraiſemblable ; cet événement, préſenté d'abord ſur un ton myſtérieux, a pris tout à coup une conſiſtance importante, par les bruits répandus dans le Public, qu'il en étoit résulté un enfant, qui avoit pu devenir l'objet d'un véritable attachement, qu'une aventure trop peu intéressante n'auroit pas pu inspirer. La fable a séduit quelques esprits. On a voulu profiter d'un artifice dont on reconnoissoit le succès; on a fait paroître une prétendue lettre de M. de Richelieu, & signée de lui, qui parloit de l'éducation d'un enfant. L'un des Conseils de Madame de Saint-Vincent a montré, d'un air triomphant, aux amis de M. de Richelieu ce titre, en assurant que la ressemblance de l'écriture ne lui permettroit jamais de nier une lettre qui contenoit deux pages & demie. On a colporté à la Cour & à la Ville cette piece foudroyante, on l'a fait voir à des personnes en place *; la fable s'est accréditée; tout a paru vraisemblable. Un Pair, un Maréchal de France s'est vu un instant exposé à la malignité publique, & a été dénoncé à la Société comme un homme qui osoit méconnoître & sa signature, & l'enfant qui avoit été le principe de ses engagemens.

* M. de Sartine.

Mais ce vain phantôme va bientôt disparoître, & Madame de Saint-Vincent doit à son tour trembler du faux qu'elle a osé employer pour en justifier un autre.

Pressée dans ses interrogatoires sur ce fait important, Madame de Saint-Vincent a déclaré formellement, *qu'elle n'avoit jamais eu d'enfant de M. de Richelieu* *.

* 2e interrogat. art. 21.

Mais osera-t-elle nier qu'elle a cependant répandu cette calomnie atroce? La notoriété du fait ne lui

permettroit pas de le nier; en l'avouant, elle démasquoit ici une intrigue trop nuisible à sa défense. Madame de Saint-Vincent a cru se tirer d'un pas aussi embarrassant, en répondant, « qu'elle avoit bavardé » en général, en disant devant plusieurs personnes :
* Ibid. art. 21. » *Et! si je disois avoir fait un enfant** *!* ».

Mais cette lettre montrée n'est-elle donc qu'un simple *bavardage ?* Madame de Saint-Vincent ne nie point le fait, elle répond simplement, *qu'elle n'a point*
* Ibid. *donné ordre de montrer la lettre**.

Ne nous arrêtons point à chercher par l'ordre de qui la lettre a été montrée. Ce qui importe en ce moment à la Justice, c'est qu'elle soit représentée; c'est un délit, c'est un faux évident; la lettre n'a jamais pu être écrite par M. de Richelieu, puisque l'on désavoue le seul fait qui l'auroit pu produire.

Ici Madame de Saint-Vincent épuise les dernieres ressources de son imagination; elle persiste à déclarer qu'elle n'a point eu d'enfant de M. de Richelieu; mais elle avoue, même aux dépens de sa délicatesse, *qu'elle a voulu le lui faire croire, pour en tirer de l'ar-*
* Ibid. art. 25. *gent**.

Le détour est adroit: la lettre dont la fausseté sembloit démontrée, reprend tout-à-coup un air de vraisemblance. Elle a pu être le fruit de l'erreur de M. de Richelieu, & cette erreur même auroit pu produire ces libéralités immenses, que la seule existence d'un enfant pouvoit rendre vraisemblables.

Mais voilà malheureusement Madame de Saint-Vincent engagée dans un défilé, dont elle ne pourra plus

plus sortir. Soit que l'enfant dont il s'agit ait existé, ou qu'elle soit simplement parvenue à en persuader l'existence à M. de Richelieu : dans les deux cas, il est impossible qu'il n'y ait pas une sorte de correspondance suivie entre M. de Richelieu & Md^e de Saint-Vincent sur un événement de cette nature ; que la grossesse, que l'accouchement, que la naissance, que l'éducation de l'enfant ne soient pas devenues le sujet de plusieurs lettres. On trouve en effet au procès plusieurs copies, tant de la main de Madame de Saint-Vincent que de la main d'un confident qui se fera bientôt connoître, de prétendues lettres écrites par M. de Richelieu, qui se réferent à cet événement. Que l'on représente donc les originaux ; car on ne prétendra pas sans doute que de pareilles copies puissent former des titres contre M. de Richelieu. Enfin il y a au moins une de ces lettres, celle qui a été montrée depuis le procès, qui doit exister en original. Que l'on représente donc & cette lettre & les originaux des autres. Autant ces originaux pourroient être utiles à Madame de Saint-Vincent, si elle les représentoit, autant leur soustraction doit tourner à sa confusion, & détruire désormais toute la foi que la Justice auroit pu accorder à ses allégations.

Mais c'est en vain que Madame de Saint-Vincent est pressée dans son second interrogatoire, sur la représentation de ces pieces si importantes à sa défense. Il ne lui est pas possible de satisfaire à cet égard l'empressement de la Justice. « Elle a remis, dit-elle, *à* » *ses Conseils*, avant le moment où elle a été arrêtée,

» toutes les lettres qu'elle avoit alors en sa possession. » Ces lettres étoient au nombre *de deux ou trois cens*, » il y en avoit une serviette pleine. Mais elle ne sait » l'usage qu'on en a fait *.

* 2e interrogat. art. 21.

Mais pourquoi ses Conseils ne les lui remettent-ils donc pas ? Elle a dû les leur redemander ? « Elle » a fait (ajoute-t-elle) tout ce qu'elle a pu pour les » ravoir. On lui a répondu *de ne se point mêler de* » *ces affaires, & qu'elle gâtoit tout en s'en mêlant* *.

* Ibid.

Il est difficile de concevoir comment, en représentant des pieces si essentielles, Madame de Saint-Vincent pourroit *gâter* son affaire. Mais qu'elle nous dise du moins, 1°. quels sont les gens qu'elle a rendus dépositaires de cette serviette pleine de lettres : on les leur fera rapporter. 2°, Quels sont les Conseils qui lui ont donné l'avis, aussi singulier que funeste pour elle, *de ne se point mêler de ces affaires*, & qui craignent qu'une Accusée *ne gâte tout* en se défendant par sa propre bouche, & en représentant ses propres titres.

Madame de Saint-Vincent répond à la premiere question : « que c'est l'Abbé de Villeneuve-Flayosc » son neveu, à qui elle a remis toutes les lettres (1). » Mais qu'il seroit inutile de s'adresser à lui, parce » qu'il les a lui-même remises au tiers & au quart ; qu'- » elle ne sait positivement à qui, & ne peut indiquer » que Me Lafitte son Procureur, pour en avoir eues* ».

* *Ibid.* art. 23.

(1) C'est donc faussement que dans son premier interrogatoire, art. 24, elle avoit dit n'avoir point les originaux des lettres de M. de Richelieu, parce qu'ils lui avoient été pris par le Commissaire Chesnon lorsqu'elle avoit été conduite à la Bastille.

Elle auroit dû ajouter, pour avoir ſpécialement colporté & montré la lettre dont la Juſtice demande la repréſentation.

Sur la ſeconde queſtion, elle répond « que c'eſt » tout le monde qui lui a donné ce conſeil, & en » particulier l'Abbé de Villeneuve & M. de Caſ» tellanne * ». Ce dernier voudroit-il que l'on ajoutât foi à toutes les aſſertions de ſa parente ?

* *Ibid.* art. 25.

Quoi qu'il en ſoit, voici au moins un fait ſur lequel Madame de Saint-Vincent ne peut éviter de répondre affirmativement. *A-t-elle reçu de M. de Richelieu des lettres relatives à l'enfant, & ſingulièrement celle dont eſt queſtion ?* Dans une premiere ſéance elle veut éluder la demande, & ſe contente de répondre « qu'elle ignore tout ce que contiennent les lettres » de M. de Richelieu, & ſi elles parloient de l'é» ducation de l'enfant » *. Mais, à la ſéance ſuivante, on lui repréſente qu'il eſt impoſſible qu'une anecdote auſſi intéreſſante ſoit échappée à la mémoire d'une femme qui prétend avoir réuſſi, par cet artifice, à déterminer des libéralités immenſes. Enfin la vérité ſort, pour la premiere fois, de ſa bouche : elle déclare « qu'elle n'a jamais reçu de M. de Ri» chelieu de lettres où il lui ait rien mandé de rela» tif à l'éducation d'un enfant *.

* *Ibid.* art. 26.

* *Ibid.* art. 30.

Voilà donc déjà, de l'aveu de Madame de Saint-Vincent, deux faux caractériſés, inventés pour ſa défenſe. 1°. La lettre colportée par Me Lafitte, cette lettre, dont la reſſemblance parfaite des écritures ne devoit point permettre à M. de Richelieu d'attaquer la vérité, eſt fauſſe. 2°. Ces copies écrites, ou dictées par Madame de Saint-Vincent, de lettres de M. de Richelieu, relatives au même fait, ne ſont pas plus vraies.

Mais ce n'eſt point aſſez de connoître ces faux, il eſt important de remonter juſqu'à l'auteur, & c'eſt la repréſentation des pieces mêmes qui doit y conduire. On ſomme donc de nouveau Madame de Saint-Vincent de repréſenter ces lettres. On lui obſerve que, depuis quatre à cinq jours qu'a duré ſon interrogatoire, elle a eu occaſion de voir & a vu certainement ſa famille & autres perſonnes qui s'intéreſſent à elle; qu'elle a dû leur faire part de la maniere dont on inſiſtoit pour avoir ces lettres, & ſe les faire remettre. Mais cet article eſt un ſecret trop important, pour que la Juſtice arrache jamais une confeſſion totale de la bouche de Madame de Saint-Vincent. Elle convient « qu'elle a parlé en effet des lettres, & de la maniere dont on inſiſtoit pour qu'elles fuſſent repréſentées à l'un de ſes Défenſeurs. Il lui a demandé ſi elle ſavoit où étoient leſdites lettres, & ſur ſa réponſe qu'elle l'*ignoroit*, il lui a dit, eh bien! *vous ne pouvez pas le dire, ſi vous n'en ſavez rien.* *

* *Ibid.* art. dern.

Puiſque les Conſeils prudens de Madame de Saint-Vincent lui laiſſent ignorer où eſt ce dépôt précieux, *de peur qu'elle ne gâte ſes affaires en s'en mêlant*, n'eſpérons point que les mêmes Conſeils trahiſſent ſon ſecret.

L'Abbé de Villeneuve « convient bien que Madame de Saint-Vincent lui a remis la serviette » pleine de lettres, tant de M. de Richelieu que » d'autres personnes; mais elle en a tiré trente ou » quarante qu'elle lui donna en garde; la serviette » fut reployée & portée dans une armoire en une » chambre qu'occupoit Madame de Saint-Vincent » à l'Hôtel des Asturies. Il ne sait ce que sont devenues ces lettres, Madame de Saint-Vincent » étant démenagée pour retourner dans son Couvent *. * 2e interrogat. art. 7.

On pourroit lui objecter, que la plus importante de ces lettres n'a point été perdue dans le démenagement, puisqu'elle a été montrée depuis l'affaire engagée, & notamment dans un voyage qu'il a fait à Compiegne avec Me Lafitte. Mais ce dernier fait lui est étranger. « Si Me Lafitte a montré la » lettre, *il lui en a gardé le plus grand secret*, *il auroit certainement blessé sa délicatesse* *. * *Ibid.* art. 9.

Après des réponses aussi prudentes de l'Abbé de Villeneuve, on peut croire à la discrétion de Me Lafitte. Sommé jusqu'à trois fois, en vertu d'Ordonnances du Juge, qui lui enjoignent & même par corps de déposer la lettre, dont il a fait usage au nom de Madame de Saint-Vincent, ou de déclarer à qui il l'a remise, il garde le plus profond silence. Il répond à la fin à une quatrieme sommation. Il ne nie point avoir fait un usage public de la lettre. Il ne peut point avoir oublié l'ostentation avec laquelle il l'a montrée à l'un des amis de M. de Richelieu.

Il doit bien présumer qu'il existe au procès des preuves qu'il l'a lue ou fait lire à des étrangers. Mais, en réclamant le prétendu secret que son état lui impose, Me Lafitte se contente de déclarer « qu'il n'a » point en sa possession les pieces demandées. Que » toutes celles qui lui ont été remises par Madame » de Saint-Vincent, ou par les personnes qui s'inté» ressent à elle, ont été déposées au Greffe, *& que* » *celles qui n'ont pas été déposées, ont été remises à* » *ladite Dame, pour en faire l'usage qu'elle jugeroit* » *à propos.*

Ne poursuivons pas plus long-tems ce vain phantôme qui fuit les regards de la Justice.

MAIS Madame de Saint-Vincent nous forceroit-elle donc de penser que nous n'avons point encore connu toute l'atrocité de son ame ! Au moment même où elle abandonne le délit qu'elle avoit osé imputer à M. de Richelieu, ses propres lettres semblent le réaliser, pour nous mettre en droit de lui reprocher la basse noirceur d'avoir voulu charger M. de Richelieu du crime d'un autre.

Si l'on en croyoit un recueil immense de lettres écrites par Madame de Saint-Vincent au sieur de Vedel, *la considération que donnent les grandes Dignités* n'auroit pas été nécessaire *pour procurer* à ce simple Major du Régiment Dauphin, *le rare privilege de pénétrer dans sa retraite* *.

Toutes ces lettres au Major supposent les relations les plus intimes, & plus de vingt de ces lettres

* Mém. de Madame de Saint-Vincent, p. 10.

(ſi l'on pouvoit y ajoujer foi) nous autoriſeroient à penſer que ce ſeroit de ce commerce que ſeroit né l'enfant dont Madame de Saint-Vincent déſavoue l'exiſtence. On y voit l'annonce d'une groſſeſſe, le progrès de cette groſſeſſe, un accouchement déterminé par une date fixe, une fievre de lait; une fievre putride qui en eſt la ſuite ; la ſurvie de l'enfant, l'intérêt que la mere y prenoit, celui qu'elle excitoit dans le cœur du Major par l'aſſurance de ſa paternité (1).

Mais détournons les yeux de ces tableaux effrayans. Quelqu'intérêt que puiſſe avoir M. de Richelieu à dévoiler toutes les fauſſetés de Madame de Saint-Vincent, à faire connoître la nature des relations qui ont exiſté entr'elle & un homme qui joue un ſi grand rôle dans cette affaire, on ne veut point ſoupçonner un nouveau crime. Madame de Saint-Vincent aſſure la Juſtice que tous ces détails circonſtanciés *ne ſont que des folies & des extravagances de ſon imagination, qu'elle écrivoit au Major pour ſe rendre intéreſſante & s'en faire aimer* *. Croyons-la pour ſon propre honneur & pour le repos de ſa famille. Mais qu'il nous ſoit permis au moins de faire quelques réflexions ſur ce fait, que nous voulons bien ne regarder que comme une preuve de la malheureuſe

* 2e interrogat. art. 34.

---

(1) Voyez pieces ſaiſies chez la femme Leroy, par le Commiſſaire Cheſſon, premiere liaſſe, pieces 2, 3, 4, 5, 7, 8, 9, 11 ; & troiſieme liaſſe, pieces 9 & 10; par le Commiſſaire Graville, troiſieme liaſſe, pieces 8 & 21.

facilité avec laquelle Madame de Saint-Vincent fabrique des mensonges.

Premiérement, quel qu'ait été le motif qui a porté Madame de Saint-Vincent à présenter cette fable au Major, il est au moins impossible de supposer qu'elle ait jamais pu former le projet de la faire adopter en même tems à M. de Richelieu. Sans rappeller ici les preuves qui résultent déja du silence des lettres de M. de Richelieu, il suffit de se fixer à celles mêmes que Madame de Saint-Vincent a écrites au sieur de Vedel. Elles placeroient *au mois d'Octobre* 1772 l'époque de cet évenement fabuleux. Les seules entrevues qu'elle eût eu avec M. de Richelieu, antérieurement à cette époque, étoient aux mois de Septembre & de Novembre 1771, & au mois d'Août 1772. Il seroit donc impossible, en supposant même les foiblesses dont elle s'accuse, qu'elle eût induit M. de Richelieu dans une erreur, que la seule combinaison des dates suffisoit pour détruire.

Secondement, le prétexte même, que Madame de Saint-Vincent emploie pour écarter d'elle le crime, dont ses propres lettres sembloient l'accuser, laisse au moins subsister l'aveu d'une liaison très-intime avec le Major, & cet aveu nous autorise à scruter ces monumens que le hasard a mis entre les mains de la Justice (1), & qui vont nous découvrir le principe &

(1) Le sieur Vedel a reproché à M. de Richelieu de lui avoir enlevé & de rendre publiques des choses qui n'étoient que pour lui, qui n'intéressoient que lui, & qui n'avoient aucun rapport avec les billets. On verra

l'objet

l'objet du seul délit que M. de Richelieu ait intention de poursuivre.

L'opinion commune de ceux qui ont connu à Poitiers les liaisons du Major avec Madame de Saint-Vincent, étoit qu'il y entroit plus d'intérêt que d'attachement : & cette opinion ne se trouve que trop confirmée par leur propre correspondance.

Madame de Saint-Vincent jouissoit à Poitiers de la même pension que son mari lui avoit faite à Milhaud & à Tarbes ; il y avoit même ajouté une somme annuelle de 500 liv. pour l'aider à acquitter ses dettes; elle ne payoit à Poitiers que 600 liv. de pension pour elle & sa femme-de-chambre. Une sage économie auroit pu lui faire trouver dans l'excédent, non-seulement de quoi se soutenir honorablement, mais encore des ressources pour éteindre ses premiers engagemens. Mais le même goût de dépense suivoit Madame de Saint-Vincent.

La médiocrité de sa fortune ne pouvoit pas y suf-

bientôt comment cette correspondance s'est trouvée sous la main de la Justice ; mais personne ne regardera comme étrangere à la question du faux des pieces qui détruisent le principe que Madame de Saint-Vincent a voulu donner aux billets, & qui peuvent servir à prouver la complicité, l'objet, ou les ressorts du crime. M. de Richelieu sait le silence que la Loi impose à tout autre qu'au mari; mais il sait que cette même Loi permet d'opposer, à titre d'exception, ce qui ne pourroit pas former l'objet d'une action directe. Tout ce qui appartient aux circonstances d'un crime, appartient à l'instruction qui doit le prouver, & peut être proposé par l'accusateur, puisque la Justice ne peut se dispenser d'en peser les conséquences.

fire. On trouve dans ses lettres des preuves de l'embarras où elle se trouvoit souvent. Elle employoit à Poitiers les mêmes expédiens qui lui avoient réussi à Milhaud. Le nom & la prétendue protection de M. de Richelieu lui servirent encore à se procurer dans cette Ville des crédits auprès des Marchands, que tantôt elle flattoit par l'espoir des récompenses, & que d'autres fois elle intimidoit par des menaces.

De nouveaux faux étoient à Poitiers, comme à Milhaud, l'une de ses ressources. Il doit être prouvé par les informations, que, pour obtenir d'un sieur Nerboneau, Négociant à Poitiers, une piece d'étoffe que celui-ci ne vouloit lui fournir que sur un cautionnement, elle a eu la hardiesse de contrefaire la signature de la Prieure, & d'envoyer à ce Marchand, par une Demoiselle Auvray, une fausse lettre, par laquelle cette Religieuse promettoit de garantir le paiement. Il est vrai que ce faux n'eut pas le succès qu'elle en espéroit. Le Marchand reçut d'un tiers une lettre qui lui donnoit l'avis salutaire de se méfier de celle que lui envoyoit Madame de Saint-Vincent, & qu'il remit à la Demoiselle Auvray.

On sera moins surpris de l'avertissement qui a garanti le sieur Nerboneau du piege, lorsque l'on saura que les talens de Madame de Saint-Vincent, pour le faux n'étoient point ignorés dans son Couvent, au moins de certaines personnes. Plusieurs fois elle a été surprise s'occupant dans sa chambre à écrire à une fenêtre au travers d'une vitre, c'est-à-dire, essayant son adresse à contre-tirer les écritures. D'autres perſonnes, auxquelles Madame de Saint-Vincent croyoit avoir moins d'intérêt de cacher ſes talens, l'ont vu s'occupper à contrefaire ſpécialement l'écriture & les lettres de M. de Richelieu. Le moyen, qu'elle employoit, étoit de prendre dans une lettre véritable une phraſe, ou un mot, qui pouvoit convenir à ſon ſujet, & de faire de ces fragmens contre-tirés le corps d'une lettre entiere.

Quand on a de pareils talens, & que l'on eſt preſſé par le beſoin, il eſt difficile de n'être point tenté d'en faire uſage; ce ſeroit ne pas ſentir toute l'utilité de ſon art, que de les borner à des reſſources modiques & urgentes, lorſqu'ils peuvent conduire à une fortune durable & brillante.

Auſſi les lettres de Madame de Saint-Vincent au Major ne ſe réduiſent-elles point à lui préſenter la conſolation de ſecours momentanés. Des expédiens plus ſimples ſuffiſent pour ces petits objets. Il faut vendre un cabriolet, mettre en gage une tabatiere. Des proviſions de bois & de ménage, quelques petites reſſources peuvent *chaſſer le malheur préſent* & mettre le Major en état de payer *ſon mois*.

Bientôt cette infortune momentanée finira. Des libéralités immenſes, annoncées comme devant ſortir de la main de M. de Richelieu, vont faire luire des jours plus ſereins. Il y a 45000 liv. en dépôt chez un Procureur à Poitiers. Le ſieur Peixotto, Banquier à Bordeaux, eſt chargé d'apporter 255,000 livres. Voilà les magnifiques promeſſes que Madame de Saint-Vincent préſente au ſieur de Vedel. Mais ce n'eſt point pour elle ſeule qu'elle deſire & ſollicite les dons de la fortune. Son cœur eſt trop délicat pour ne les pas partager. Elle ne ſera contente que quand elle verra le Major *riche*, *heureux & tranquille ; perſonne n'eſt plus digne de la fortune ;* ils iront tous deux dans un coin de la terre jouir de leur bonheur.

Mais il eſt lent à venir cet argent ſi deſiré. Le Major s'inquiete, s'impatiente ; il menace *d'abandonner*, s'il ne voit rien ſe réaliſer. Madame de Saint-Vincent ne le retient qu'en l'aſſurant qu'*elle n'a pas pu mieux faire ; que ſes intérêts la touchent plus que les ſiens ;* & en lui annonçant que le Banquier n'attend que ſes ordres pour lui apporter les cent mille écus.

Tel eſt le réſultat fidele des lettres, qui ſont ſous les yeux de la Juſtice. C'eſt inutilement que le ſieur de Vedel s'efforce d'écarter les inductions qui en réſultent contre lui perſonnellement, en alléguant un prêt imaginaire, & en donnant pour motif à ſes inſtances le deſir d'un rembourſement qui ne pouvoit réſulter que de l'exécution des promeſſes que M. de Richelieu avoit faites à Madame de Saint-Vincent. Il n'a jamais prouvé le prêt, & il ne le prouvera jamais, puiſqu'il n'a pu, dans ſes interrogatoires, expliquer en quel tems, comment & quelles ſommes il avoit fournies. Il lui ſeroit encore plus difficile de prouver qu'il eût rendu ces prétendus ſervices ſur la recommendation de M. de Richelieu.

Mais il y a plus : le texte même des lettres réſiſte à l'interprétation forcée qu'il y donne. Il n'y en a pas une ſeule qui ſuppoſe un pareil ſervice ; & il ſeroit bien étonnant que les mots de *dette*, de *prêt*, de *service*, ne fussent pas échappés une seule fois à Madame de Saint-Vincent, dans une correspondance aussi longue. Disons mieux, ces lettres ne présentent jamais que des idées de dons & de bénéfices. Si elle envoie au Major des provisions de ménage, elle lui ajoute qu'*il faut qu'il s'accoutume à recevoir de petites choses, en attendant les grandes.* Par-tout on ne trouve que les mots de *fortune*, de *richesse*, de *bonheur* (1). Est-ce donc là le langage d'un débiteur, désespéré de ne pouvoir satisfaire un créancier impatient & lui-même dans l'embarras ?

« Mais qu'importe, dira-t-on, que ces lettres ré- » pandent sur les relations de Md de Saint-Vincent » avec le sieur de Vedel, le vernis d'une liaison » plus ou moins délicate, si ces lettres s'accor- » dent avec le fond de son système ; si les promesses » qu'elle fait au Major, sont fondées sur celles de » M. de Richelieu, dont elles supposent la réalité ? » On voit dans la correspondance le détail & les pro- » grès de ces promesses. On y trouve le Sr Peixotto » indiqué pour délivrer l'argent. On y trouve la co- » pie d'une lettre de ce sieur Peixotto, qui annonce » son arrivée prochaine. On y trouve enfin des co-

(1) Voyez pieces saisies sur la femme Leroy par le Commissaire Chesnon, deuxieme liasse, pieces 1, 2, 3, 11 ; troisieme liasse, pieces 2, 6, 8 ; quatrieme liasse, pieces 5, 6, 7, 9, 13 & 15 ; & les pieces saisies par le Commissaire Graville, deuxieme liasse, pieces 5, 16, 44 ; troisieme liasse, pieces 20, 24 & 25.

» pies des lettres de M. le Maréchal, qui contenoient » les promeſſes que Madame de Saint-Vincent n'a fait » que reporter au Major. M. de Richelieu peut-il op- » poſer à Madame de Saint-Vincent ſes propres let- » tres, ſans lui permettre à elle-même d'en tirer les » avantages qui tendent à ſa juſtification » ?

Il étoit peut-être auſſi difficile de prévoir la ſolution de la difficulté, qu'il étoit naturel de la propoſer. Mais les nouveaux faits, qu'elle met dans le cas d'expliquer, ne ſerviront qu'à développer de plus en plus toute la fauſſeté de Madame de Saint-Vincent.

Si M. de Richelieu eût affirmé à Madame de Saint-Vincent, comme les lettres en queſtion le ſuppoſent, que le ſieur Peixotto avoit ordre de lui remettre cent mille écus, les beſoins qui l'aſſiégeoient l'auroient ſans doute conduite à écrire à ce Banquier; & les réponſes de celui-ci auroient formé la correſpondance dont Madame de Saint-Vincent ſemble préſenter la preuve.

Mais cette correſpondance, ces lettres écrites au ſieur Peixotto, les copies de réponſe de ce Banquier, ſont des faux démontrés & avoués.

Le ſieur Peixotto déclare hautement qu'il n'a jamais reçu de lettres de Madame de Saint-Vincent, du moins que celles qu'il en a reçues n'avoient pour objet qu'un emprunt de 50 *louis*, qu'elle lui demandoit, & qu'il lui refuſa. La probité de ce Banquier eſt auſſi connue que l'importance de ſon commerce.

Deux circonſtances d'ailleurs démontreroient le faux de cette prétendue correſpondance.

Elle présente au fond une fable ridicule. Depuis quand un Banquier se déplace-t-il pour porter lui-même, à soixante lieues de son domicile, une somme de *trois cent mille livres*, que les opérations de la banque peuvent si facilement transporter d'un bout de l'Europe à l'autre? Qui croira qu'une simple maladie ait déterminé Madame de Saint-Vincent à retarder le moment d'une délivrance aussi précieuse?

D'un autre côté, pourquoi Madame de Saint-Vincent, qui avoit entre ses mains une serviette pleine de lettres de différentes personnes, n'y a-t-elle pas trouvé les originaux des lettres du sieur Peixotto, & spécialement de cette lettre dont elle a envoyé la copie au sieur Vedel, en lui annonçant qu'*elle la chercheroit quand elle seroit plus forte, mais que c'étoit là le fond, sans mentir*(1)?

Au reste, à quoi bon chercher dans des preuves étrangeres la conviction d'un faux, que Madame de Saint-Vincent a été elle-même forcée d'avouer dans son second interrogatoire! Elle y convient « qu'elle » n'a écrit que deux fois de Poitiers au sieur Peixotto: » une fois, pour le prier de lui *prêter* 50 louis, qu'il » lui refusa; une seconde fois, à ce qu'elle croit, *pour* » *le même objet*....; qu'elle faisoit *accroire à Vedel* » qu'elle écrivoit à Peixotto, *ce qu'elle ne faisoit pas*... » que par nombre de lettres elle a cherché à faire ac- » croire au sieur Vedel qu'elle étoit en relation avec

---

(1) Voyez pieces saisies sur la femme Leroy par le Commissaire Graville, troisieme liasse, piece 4.

» Peixotto relativement à l'argent que le Maréchal lui » promettoit & qu'elle faisoit accroire au sieur Vedel » que Peixotto alloit arriver; *mais que la vérité est* » *qu'elle n'a écrit que les lettres* ci-dessus; *& qu'à la fin* » *Vedel le sçut & le lui fit avouer*..; qu'elle présentoit » à Vedel des lettres comme écrites par Peixotto, » *qu'elle faisoit écrire par des pensionnaires, ou autres* » *personnes** ». Le faux ne lui en seroit pas moins personnel, quand les lettres n'auroient point été de sa main. Mais, tant qu'elle ne pourra nommer les personnes qui lui ont prêté leurs secours, & qu'elle se restreindra à dire *qu'elle ne s'en souvient pas*, personne ne doutera qu'elle n'ait encore fait usage de ses talens en cette occasion, & que ce n'ait été dans l'intention de se procurer de l'écriture du sieur Peixotto, qu'elle lui a proposé un emprunt qu'elle ne pouvoit espérer.

* Voyez son 2e interrog. art. 42, 45, 46, 48, 49.

On la verra bientôt faire un usage plus criminel encore de la signature du sieur Peixotto. Mais n'anticipons point les époques, & contentons-nous d'observer ici que Madame de Saint-Vincent nous a fourni elle-même la solution de la difficulté que ses lettres avoient fait naître.

S'il est certain que ses lettres au sieur de Vedel contiennent un faux dans la partie qui concerne le sieur Peixotto, elles ne peuvent mériter la moindre foi, dans la partie relative aux prétendues promesses de M. le Maréchal. Si Madame de Saint-Vincent est convaincue de mensonge dans un des points de sa fable, elle est convaincue de faussetés

tés dans la totalité d'un ſyſtême indiviſible : *Semel mendax, ſemper mendax.*

Les aveux mêmes, qu'elle a été obligée de faire ſur le premier point, détruiſent évidemment le ſurplus de ſes allégations. N'eſt-il pas abſurde, en effet, de ſuppoſer que Madame de Saint-Vincent ſe fût réduite à demander un prêt de 50 louis à un homme qu'elle auroit connu pour être chargé par M. de Richelieu de lui faire toucher une libéralité de cent mille écus ? Ne ſeroit-il pas abſurde que le même Banquier, qui auroit reçu un pareil ordre, lui eût refuſé d'avancer à compte une ſomme de 1200 livres ?

Les copies des prétendues lettres de M. de Richelieu, qui font partie de cette correſpondance, & qui annoncent les promeſſes & les ordres donnés au ſieur Peixotto, impuiſſantes par elles-mêmes dès-lors qu'il n'en exiſte point d'originaux, ne ſont évidemment que des inventions émanées de la même ſource dont ſont ſorties les copies des lettres du ſieur Peixotto, & n'ont été fabriquées que dans le même objet. En un mot, tout ce qui reſte de cette correſpondance précieuſe, c'eſt la preuve de la liaiſon intime de Madame de Saint-Vincent avec le ſieur de Vedel, des vues intéreſſées par leſquelles elle cherchoit à le retenir, & des vils artifices qu'elle employoit pour le tromper lui-même.

Telle eſt en effet (on n'héſitera point à le dire) telle eſt la conſéquence naturelle que préſentent les faits que l'on vient de diſcuter. M. de Richelieu ne cherchera point à trouver plus de crimes & de coupables qu'il n'en existe réellement. Son respect pour la vérité ne lui permettroit pas de chercher à multiplier ses avantages.

Mais si les faits semblent jusqu'ici écarter du sieur Vedel le soupçon d'avoir cooperé au faux, & ne lui laisser que la tache d'une intrigue peu délicate, ceux qui suivent ne permettront pas de douter qu'il ait connu depuis la fausseté des billets à la négociation desquels il a concouru. Pourroit-on d'ailleurs se persuader qu'un homme, qui avoit convaincu à Poitiers Madame de Saint-Vincent de la fausseté la plus inexcusable sur sa correspondance avec le sieur Peixotto, eût cru de bonnefoi la réalité des promesses de M. de Richelieu, & la sincerité des billets qui lui étoient présentés par une main si suspecte ?

TROISIEME ÉPOQUE.

Il est vrai que Madame de Saint-Vincent s'est échappée, comme elle en convient elle-même, *furtivement* du Couvent de Poitiers. Mais elle ne s'attendoit pas que ses propres lettres la trahiroient un jour, lorsqu'elle a osé avancer que c'étoit M. de Richelieu qui lui avoit donné le conseil de se soustraire ainsi à l'importunité de ses créanciers. Non-seulement elle ne rapporte aucune preuve d'une imputation si grave; mais ses propres lettres vont faire connoitre que ce n'étoit point M. de Richelieu, mais le sieur Vedel qu'elle venoit chercher à Paris.

Dans une de ces lettres au Major, après lui avoir parlé de l'ardeur avec laquelle elle attendoit l'effet des prétendues promesses de M. de Richelieu, elle ajoute : *Ce qui rend mon impatience impatiente, c'est d'abord le plaisir de te plaire : l'envie de payer moi-même, celle de m'en aller à Paris avec toi* (1). Dans un autre : *Je te jure par mon amour que rien n'égale le desir que j'ai de recevoir cet argent pour m'en aller avec toi* (2). Dans une troisieme : »N'est-tu pas aussi le » plus digne de la fortune ? Je me repose là-dessus, » parce que tu seras heureux, *& j'aurai le plaisir d'al-» ler avec toi à Paris. Il est vrai, que je n'y pensois » plus : tu m'as surprise ne pensant plus à notre voyage*, » parce que je suis entichée de cet argent ; il est vrai, » que sans lui nous ne pouvons rien faire. *Mais je te » desire tellement, que toutes mes autres pensées sont » noyées dans cette grande qui m'occupe toute entie-» re* » (3). *Je me meurs*, s'écrie-t-elle dans une autre, *si tu me laisse à Poitiers* (4).

Il est étonnant que les contradictions de Madame de Saint-Vincent n'aient point dessillé les yeux d'un homme, qui, de l'aveu des deux, l'avoit déjà convaincu plusieurs fois de mensonges. Si les promesses de M. de Richelieu, dont elle leurroit sans cesse le

(1) Voyez pieces saisies sur la femme Leroy par le Commissaire Graville, deuxieme liasse, piece 5.

(2) *Ibidem*, piece 16.

(3) *Ibidem*, troisieme liasse, piece 9.

(4) *Ibidem*, troisieme liasse, piece 4.

Major, euſſent eu quelque réalité, comment le deſir d'en accélerer l'effet, auroit-il pu s'oppoſer à celui de venir rejoindre le ſieur de Vedel à Paris? N'eſt-il pas ſenſible que les charmes de ſa préſence devoient agir plus efficacement ſur M. de Richelieu, que les lettres par leſquelles elle étoit réduite à réclamer ſa parole? Ses dettes à Poitiers ne pouvoient pas, dans ſon propre ſyſtême, faire obſtacle à ſon voyage, ni même néceſſiter une fuite clandeſtine, puiſqu'il n'auroit été queſtion que d'un retranchement ſur la ſomme promiſe.

Mais Madame de Saint-Vincent ſentoit qu'il ne lui étoit plus poſſible d'amuſer l'impatience du Major; elle ſçavoit qu'elle ne pouvoit plus réaliſer que par un crime les eſpérances qu'elle avoit fait naître. L'aveuglement l'entraînoit au bord du précipice, la crainte qui marche à côté du crime l'arrêtoit. *J'ai un terrible pas à faire*, écrivoit-elle au Major, *je ne ſçais comment je m'y prendrai* (1). Exécuteroit-elle ſeule le projet, en laiſſant le Major dans ſon erreur? Lui feroit-elle au contraire l'aveu de ſes artifices paſſés, & des reſſources que lui offroit ſon talent? Elle flottoit ſur une mer orageuſe, & l'incertitude de ſes réſolutions lui faiſoit retarder l'inſtant fatal qui alloit la forcer de prendre un parti.

L'une de ſes lettres donne lieu de ſoupçonner

(1) Voyez pieces ſaiſies ſous les ſcellés du Commiſſaire Cheſnon, premiere liaſſe, cote 1.

qu'elle avoit conçu la premiere idée de son projet dès Milhaud, & prouve qu'elle avoit pris enfin sa résolution à Poitiers, si le crime n'étoit pas déjà consommé. « *Le mois prochain* » (dit-elle, dans cette lettre au Major), « *nous ne serons pas dans ces peines.* Mon avis » seroit que tu ne mis ta tabatiere qu'en gage pour » pouvoir la retirer. *Huit jours après mon arrivée tu* » *auras de l'argent.* J'aurai fait le tour du monde *pour* » *l'attraper, Milhaud d'abord où j'ai pensé l'avoir*, Tarbes, Poitiers, *Paris c'étoit là le terme de nos malheurs* » *dans les secrets de nos destinées; il faut y venir à ce* » *point, & on tourne long tems avant de le connoître* (1) ».

Ce fut au mois de Mars 1773 que Madame de Saint-Vincent prit le parti de se rendre au lieu, qui *dans le secret de ses destinées* devoit être le *terme* de ses prétendus malheurs.

Si le sieur Vedel étoit encore dans l'erreur, il est impossible que la conduite même de M. de Richelieu ne l'en ait pas fait sortir à cette époque.

Cette femme, qui n'avoit fui de Poitiers que par les ordres de M. de Richelieu, pour venir se précipitar dans ses bras, & recevoir le prix tant attendu de ses complaisances, reste, de son propre aveu, quinze jours dans le Couvent où elle s'est jettée, sans recevoir aucune nouvelle de M. de Richelieu, sans meubles, sans argent.

---

(1) Voyez pieces saisies sous les scellés du Commissaire Chesnon, deuxieme liasse, cote 1.

Cette premiere négligence si inconcevable n'est pas l'effet d'un moment de caprice. La conduite de M. de Richelieu à l'égard de Madame de Saint-Vincent a toujours été uniforme. Quoi qu'elle en puisse dire, il est certain, & il doit être prouvé au procès que, dans un intervalle de quinze mois, M. de Richelieu n'a été voir Madame de Saint-Vincent, que cinq à six fois; que ces visites de simple politesse, n'ont jamais excédé une demi-heure, ou une heure au plus. Il doit être également prouvé que Madame de Saint-Vincent n'est venue elle-même que très-rarement chez M. de Richelieu, qu'elle étoit toujours accompagnée de Dames pensionnaires dans le même Couvent; que M. de Richelieu lui a fait refuser sa porte dans une occasion où elle supposoit pour entrer une fausse invitation; elle convient que lorsque M. de Richelieu est venu pleurer à Paris la perte d'une fille tendrement aimée & si digne de l'être, elle ne put obtenir de lui la permission de le voir.

Enfin il doit être prouvé que jusqu'au moment où elle a escroqué le Public par la premiere négociation de ses faux billets, sa dissipation l'avoit réduite à la plus grande nécessité, & que si ses importunités ont pu lui procurer quelques secours de M. de Richelieu, les plus considérables n'ont point passé six ou douze louis. Est-il donc possible de penser qu'un grand Seigneur qui destinoit une somme de 420,000 liv. à Madame de Saint-Vincent, l'ait laissé languir dans une espece de misere, en ne lui offrant que de si foibles secours ?

Mais on peut négliger les défauts de vraisemblance quand on est en état de prouver le faux par des faits directs & positifs.

Le premier de tous les titres que Madame de Saint-Vincent prétend avoir reçus de M. de Richelieu, celui qui est la source & le principe de tous les autres, c'est, suivant elle-même, un mandat de 100,000 écus sur le sieur Peixotto, Banquier de Bordeaux : mandat qu'un vice de forme a obligé de convertir en un second, qui lui-même a été changé contre un nouveau.

Madame de Saint-Vincent avoit oublié dans son premier interrogatoire d'annoncer à la Justice une petite anecdote de cette premiere partie de sa fable. Il étoit échappé à sa mémoire, ou à sa sincérité, d'avouer que ces deux mandats portoient, outre la prétendue signature de M. de Richelieu, celle du sieur Peixotto avec son *acceptation*; on va bientôt sentir la raison de cette réticence.

Les besoins qui assiégeoient Madame de Saint-Vincent au moment de son arrivée à Paris, l'avoient portée à renouer une ancienne amitié avec la De de Saint-Jean sa compatriote. Quelques services obtenus devinrent le prétexte de prétendues confidences. Dans l'une de ces ouvertures de cœur Madame de Saint-Vincent fait part à la Dame de Saint-Jean du bonheur que lui prepare la bienfaisance de M. de Richelieu, & pour preuve, lui présente un mandat de 100,000 écus sur le sieur Peixotto, & *accepte* par ce Banquier.

La Dame de Saint-Jean ne peut dissimuler la surprise que lui cause l'excès d'une pareille libéralité; mais Madame de Saint-Vincent écarte les premiers soupçons, & se rapproche de la vraisemblance, en donnant à entendre que M. de Richelieu n'est libéral que du bien d'autrui. Elle annonce cette somme comme le prix d'une affaire qu'il a procurée à celui qui doit la fournir. Une pareille imposture n'auroit servi qu'à exciter l'indignation, si Madame de Saint-Vincent eût parlé à l'un de ces Négocians que les relations du commerce ont mis à portée de connoître le Banquier qu'elle calomnioit; mais le seul bon sens conduisit la Dame de Saint-Jean à une autre observation.

Le mandat étoit conçu en ces termes singuliers: « Je prie M. Peixotto de donner à Madame de Saint-» Vincent les 300,000 liv. *qui lui appartiennent*, dont » je le tiendrai quitte ». Les expériences de Madame de Saint-Vincent à la vitre avoient pu perfectionner sa main à la contrefaction des écritures, sans lui apprendre la formule des billets obligatoires. Le style de celui-ci parut louche à la Dame de Saint-Jean: elle en fit la réflexion; mais Madame de Saint-Vincent lui répondit *qu'elle étoit assez sûre de M. le Maréchal* (elle auroit dû dire d'elle-même), *pour lui en faire faire un autre.*

En effet, au bout de quelques jours, Madame de Saint-Vincent retire des mains de son amie le mandat

dat qu'elle l'avoit prié de lui garder, & lui en présente un autre qui, comme le premier, portoit *l'acceptation* & la signature *Peixotto.* La confidence avoit eu des vues intéressées. La judicieuse observation de la Dame de Saint-Jean avoit empêché Madame de Saint-Vincent d'en développer l'objet à la premiere séance. Cette fois elle fait l'aveu qu'elle a besoin d'argent, & qu'en attendant l'échéance trop éloignée du mandat, elle desireroit emprunter sur ce titre une somme de 24,000 liv.

La Dame de Saint-Jean demeure dans la même maison que le sieur Dumas, qui, par cette raison, avoit eu occasion de rencontrer plusieurs fois Madame de Saint-Vincent, dont les saillies provençales l'avoient quelquefois amusé, & que des tableaux artificieux de ses prétendus malheurs avoient intéressé pour elle. Il voulut bien se charger de la commission, & le billet lui fut confié, mais *sous sa reconnoissance.*

Malheureusement le sieur Dumas n'étoit que trop à portée de servir efficacement Madame de Saint-Vincent, si le titre eût été sincere; il connoissoit le sieur Louis Julien, Correspondant ordinaire du sieur Peixotto: c'étoit la route naturelle que le titre lui indiquoit, mais c'étoit aussi la plus périlleuse pour Madame de Saint-Vincent.

A la premiere inspection du billet, le sieur Julien répond tranquillement au sieur Dumas: *je peux faire ce que vous desirez; mais ceci n'est qu'une copie, il faut l'original.* Le sieur Dumas réplique ave vivacité:

C'eſt, Monſieur, l'original, j'en ai donné ma reconnoiſſance. Le ſieur Julien lui répond : « *Je ne connois point » la ſignature de M. de Richelieu, mais ce n'eſt point » là celle du ſieur Peixotto* » : & ſur le champ tirant de ſon ſecrétaire un grand nombre d'effets émanés de ce Banquier, & les faiſant comparer au ſieur Dumas avec celui dont il eſt porteur, il lui en démontre la fauſſeté. Trop convaincu de l'impoſture, auſſi outré de l'humiliation qu'une pareille ſcene lui a fait éprouver, qu'effrayé des conſéquences de la reconnoiſſance qu'il a eu l'imprudence de donner, le ſieur Dumas reſte tout interdit. Le ſieur Julien eſt indigné de la maniere cruelle dont on a compromis la bonne foi d'un galant homme ; mais plus à lui que le ſieur Dumas, il s'empreſſe de donner à celui-ci le ſage conſeil d'aller promptement retirer ſa reconnoiſſance. Le ſieur Dumas vole chez Madame de Saint-Vincent, retire avec adreſſe de ſes mains la reconnoiſſance, qu'elle héſite à lui remettre, lui rejette avec mépris le mandat, lui reproche dans les termes les plus vifs l'atrocité de ſa conduite, & renonce de ce moment à tout commerce avec elle.

Il eſt facile de prévoir les conſéquences qui réſultent d'un pareil fait ; mais une choſe difficile à prévoir, c'eſt la maniere dont Madame de Saint-Vincent entreprend d'y répondre.

Elle eſſaie d'abord de nier qu'il y ait eu aucune acceptation du ſieur Peixotto ſur l'un ni ſur l'autre des deux mandats ; mais elle convient cependant, « qu'il y a eu un *barbouillage* qui gâtoit le billet », &

ajoute, « qu'il fut effacé tout de ſuite, & qu'elle ne » ſait qui l'a fait * ».

Preſſée plus vivement ſur ce fait important, trop inſtruite pour ne pas prévoir qu'il en doit exiſter trois témoins *de viſu*, elle avoue enfin qu'il y avoit au moins ſur l'un des deux mandats, *un faux accepté Peixotto*. Mais comment excuſe-t-elle un pareil faux ? N'altérons point ſa réponſe. « La Dame de Saint-» Jean, ſelon elle, lui demanda les billets du Maré-» chal, & en les lui montrant, lui dit: *s'il y avoit, ac-» cepté Peixotto, ils ſeroient bons.* Elle répondante, » répéta ce propos devant du monde chez elle. Ces » perſonnes dirent : *apparemment elle veut tirer de » l'argent de ces billets, & vous tromper.* C'eſt alors » qu'on fit *les barbouillages*, ACCEPTÉ PEIXOTTO; » mais cela fut effacé à l'inſtant. Elle a appris que la » Dame de Saint-Jean avoit fait voir un deſdits bil-» lets, *quoique ſon intention ne fût pas que le billet fût » montré, ni d'avoir aucun argent deſſus* * ».

2ᵉ interrogat. art. 54 & 55.

* *Ibid.* art. 57.

Il eſt difficile d'imaginer qu'une aſſemblée de perſonnes, on ne dit point honnêtes, mais capables de quelques réflexions, s'aviſe par badinage de mettre ſur un titre ſérieux de *cent mille écus*, la fauſſe acceptation d'un Banquier. On ne peut qu'être curieux de connoître ceux qui compoſoient cette grave aſſemblée, & qui ont imaginé cette plaiſanterie d'un nouveau genre. Mais la vivacité de l'imagination nuit chez Madame de Saint-Vincent à la fidélité de ſa mémoire. « Elle ne ſe ſouvient point du tout du nom » des perſonnes qui ont fait *le barbouillage*; il y avoit

» là *beaucoup de personnes*, mais elle ne se souvient » pas du nom d'une seule, ni qui a fait le barbouil» lage * ». La Justice nommera l'auteur pour elle, & ne doutera pas un instant que les lettres qu'elle a eu l'adresse de tirer du sieur Peixotto, n'aient servi de modele à cette contrefaction. Si Madame de Saint-Vincent veut absolument que d'autres personnes aient participé à cette importante opération, il seroit difficile de les chercher ailleurs que dans ses sociétés habituelles.

* Ibid. art. 115 & 116.

Mais il ne faut rien retrancher de sa justification; n'oublions donc point que, par réflexion, elle ajoute « qu'elle vouloit par cette *fausse acceptation essayer la* » *confiance* de la De de Saint-Jean, & voir si elle auroit » cherché à négocier le billet * ». Voilà certainement une maniere toute nouvelle d'essayer la confiance! Mais malheureusement les dépositions de la Dame de Saint-Jean & du sieur Dumas & la reconnoissance qui avoit été exigée de celui-ci, prouveront que c'est par l'ordre de Madame de Saint-Vincent que le mandat revêtu de cette acceptation fabriquée a été présenté à la négociation.

* Ibid. art. 118.

D'APRES *le barbouillage qui avoit gâté le mandat*, & plus encore d'après le mauvais succès de la *plaisanterie*, on ne sera point étonné de trouver dans la seconde partie de la fable de Madame de Saint-Vincent, une conversion de ce mandat en un billet au porteur; on sent bien qu'il falloit changer une monnoie décriée. Ce qui surprendra un peu plus, c'est de voir un mandat de cent mille écus tout-à-coup converti en trois billets qui produisent 420,000 liv.

Rien de si simple cependant que cette nouvelle opération, suivant Madame de Saint-Vincent. « M. » de Richelieu n'avoit point fait les fonds du man» dat à son échéance. Il pouvoit se trouver embar» rassé. On veut bien profiter de ses bontés; mais on » est trop honnête pour le gêner sur le paiement. Ma» dame de Saint-Vincent lui propose donc de con» vertir le mandat échu en un billet au porteur de » pareille somme, mais à plus longue échéance, ou » même, pour sa plus grande commodité, de con» vertir le mandat en cinq billets de 60000 liv. à des » échéances différentes. Elle lui envoie dans un pa» quet, le billet au porteur & les cinq billets tous » rédigés, avec une lettre qui contient la proposi» tion. M. de Richelieu ne peut être que touché d'un » procédé si honnête; mais il est encore plus noble » que Madame de Saint-Vincent. Il envoie le billet » de cent mille écus signé, & y joint les deux billets » de 60000 liv. avec une lettre qui annonce que l'un » de ces billets est pour payer les dettes, & l'autre » pour *le tiers* ».

Suivant Madame de Saint-Vincent elle-même, c'est le sieur de Vedel qui se trouve désigné par cette dénonciation *du tiers*. Mais ce qui peut devenir plus embarrassant encore pour lui, c'est l'assertion qu'il a osé faire dans son Mémoire, & sous la foi du serment, qu'il avoit vu mettre les billets dans le paquet, & qu'il a accompagné la femme-de-chambre qui l'a porté à l'hôtel de Richelieu, & qui l'a remis au Suisse. Il y a, dans cette partie de l'histoire, un faux démontré, qui fait cesser la présomption de bonne foi qu'on avoit pu jusqu'ici être tenté de supposer au sieur de Vedel.

Le sieur Abbé Froment, le sieur de Vedel & Madame de Saint-Vincent se sont accordés à donner une époque fixe à l'envoi & au retour du paquet. L'Abbé Froment, qui prétend avoir été témoin du retour, l'a placé d'abord *au Dimanche* 14 *Novembre.* Madame de Saint-Vincent & le sieur de Vedel ont fixé l'envoi *à la veille.* Madame de Saint-Vincent, plus prudente dans son premier interrogatoire, n'avoit point donné la date du renvoi; mais elle s'étoit accordée à dire que c'étoit *un jour de Dimanche ou de Fête;* & pour preuve décisive que le paquet avoit été rapporté par un Laquais de M. de Richelieu, elle articule que le porteur étoit vêtu *d'un habit rouge galonné en argent.*

Ne nous arrêtons point à observer que l'usage a toujours été chez M. de Richelieu de faire quitter, le premier Novembre, aux domestiques l'habit d'été, & de leur donner l'habit d'hiver, qui n'a point de galon d'argent, mais le galon de la livrée; que dans ces changemens l'on retire aux domestiques l'habit qu'ils doivent quitter, & que cette opération avoit été faite en 1773, dès la fin d'Octobre.

Quelqu'importante que soit cette observation, en voici une seconde bien plus tranchante. Il est notoire, il doit être prouvé par les informations, il est conſtaté par les nouvelles publiques du tems *, que M. de Richelieu, ſur qui rouloit, en qualité de premier Gentilhomme de la Chambre, alors en exercice, le détail des cérémonies du mariage de M. le Comte d'Artois, étoit à Fontainebleau depuis le commencement de Novembre, & que le 13 il étoit allé, par l'ordre du Roi à Nemours, complimenter la Princeſſe. Le lendemain 14 il rejoignit le Roi, qui fut au-devant de Madame la Comteſſe d'Artois à la montagne de Beuron; il ne le quitta point juſqu'à ſon départ de Fontainebleau, *ſur les trois heures du ſoir*; il revint ſouper avec lui à Choiſy, où il coucha. Son ſervice ne lui permettoit pas de s'éloigner long-tems. Il ſe rendit le lendemain 15 à Verſailles, après le lever du Roi, en paſſant par Paris, où il ne s'arrêta que deux heures. Il eſt donc phyſiquement impoſſible que M. de Richelieu ait ſigné des billets que l'on ſuppoſe n'avoir été portés à ſon hôtel que le 13, & avoir été rapportés à Madame de Saint-Vincent le lendemain 14.

* V. Gazette de France, n°. 93.

Madame de Saint-Vincent, qui ſentoit combien l'abſence de M. de Richelieu portoit atteinte à ſon ſyſtême, avoit affirmé, dans un premier interrogatoire, qu'il étoit à Paris le 13 Novembre *.

* V. ſon interr. art. 28.

Mais il a fallu ſe rendre à des preuves auſſi poſitives de l'*alibi*, & pour échapper à la conſéquence qui en réſulte, les Accuſés n'ont eu d'autres reſſources que de varier dans leur ſecond interrogatoire ſur une époque qu'ils avoient déterminée d'abord d'une maniere préciſe. Celle du mois de Novembre étoit trop notable pour être susceptible d'incertitude. La négociation prouvée de l'un de ces billets dans le même mois de Novembre ne leur permettoit pas de se reporter beaucoup au-delà du 13 ou du 14; on s'est contenté de dire qu'on n'étoit pas bien sûr du jour, mais que c'étoit du 11 au 15.

* Il faudroit certainement une grande précision de calcul pour placer la signature & l'envoi des billets dans les deux heures que M. de Richelieu a dérobées aux occupations de sa Charge pour la nécessité de ses affaires. La combinaison pécheroit encore en un point. C'est un matin que le paquet a été rapporté: & c'est dans l'après-midi que M. de Richelieu s'est arrêté à Paris le 15. Il étoit le matin au lever du Roi à Choisy.

Mais deux réflexions plus décisives vont enlever à Madame de Saint-Vincent cette derniere ressource.

L'époque a été fixée d'une maniere certaine, dans les premiers interrogatoires, par trois personnes qui se présentoient comme témoins oculaires & acteurs principaux. On n'a voulu la changer qu'après que la voix publique avoit publié la réclamation de M. de Richelieu, & lorsque les seconds interrogatoires ont fait connoître l'*alibi* qu'il opposoit. La Justice ne peut plus admettre une variation forcée par la nécessité.

Il y a plus: les Accusés se sont eux-mêmes ôté la liberté de varier sur le jour, ils l'ont fixé par une indication sans équivoque. Ils s'accordent encore, dans leurs seconds interrogatoires, à dire que le paquet

a été

a été rapporté *un Dimanche après la Meſſe*, & n'avoit été porté que la *veille*. Mais du 11 au 15, le ſeul Dimanche, qui ſe rencontre dans le mois de Novembre 1773, tombe le *quatorze*. Voilà donc l'époque invariablement fixée, & cette époque démontre la fauſſeté de l'allégation. Il eſt phyſiquement impoſſible que M. de Richelieu ait ſigné à Paris les billets; & il eſt phyſiquement impoſſible qu'un paquet remis à ſon Suiſſe le *treize*, lui ſoit parvenu à Fontainebleau, & ſoit revenu à Paris *le* 14 *matin*.

Ajoutons deux réflexions importantes.

1°. Quand on ſuppoſeroit la poſſibilité phyſique de l'envoi & du retour du paquet de Paris à Fontainebleau dans le court intervalle que Madame de Saint-Vincent ſe donne, qui croira que M. de Richelieu, qui devoit revenir le 14 à Choiſy & le 15 paſſer par Paris, ait quitté toutes les occupations que lui donnoient à Fontainebleau le ſervice de ſa place, pour ſe hâter d'expédier une affaire qui pouvoit ſe remettre au lendemain? Qui croira qu'il ait confié à un Courier un paquet auſſi important qu'il pouvoit rapporter lui-même ſous vingt-quatre heures?

2°. Le ſieur de Vedel, qui prétend avoir remis le paquet lui-même au Suiſſe de M. de Richelieu à Paris, a dû demander ſi ce Seigneur y étoit. Si on lui a dit ſimplement qu'il n'étoit pas à Paris, il n'eſt point vraiſemblable qu'il ait laiſſé un paquet auſſi important au Suiſſe. Si on lui a annoncé que M. de Richelieu revenoit le lendemain ou le ſur-lendemain, il n'a pas dû encore laiſſer un paquet qui devoit contenir le titre dont Madame de Saint-Vincent demandoit la converſion, & qui auroit rendu par-là M. de Richelieu maître de le ſupprimer s'il en eût été capable.

Tout eſt donc évidemment fabuleux dans cette ſeconde partie du ſyſtême de Madame de Saint-Vincent, comme dans la premiere partie.

L'AVENTURE du mandat avoit forcé d'y ſubſtituer le billet au porteur. Un autre inconvénient va faire diſparoître celui-ci. L'effet eſt trop conſidérable pour qu'on puiſſe le négocier facilement, & l'on eſt preſſé d'aller loin du théatre de ſes forfaits en recueillir les fruits. On a donc pris le parti de ſubſtituer au billet au porteur, dix autres billets de 20, 25, 30, 40 & 50 mille livres. Malheureuſement Madame de Saint-Vincent ignoroit encore elle-même, lors de ſes interrogatoires, & avant que tous les autres billets euſſent été dépoſés, combien il y en avoit. Malheureuſement il s'en trouve de datés du 8 Mai; & ſuivant elle, l'opération s'eſt faite en *Février, Mars ou Avril*; ils ſont de différentes mains, & l'on ne peut indiquer un ſeul des Ecrivains qui les ont faits. Enfin, il ſe trouve une erreur de calcul dans ce dernier échange. Au lieu de trois cens mille livres, montant du billet au porteur, les dix billets, qui n'en devoient être que la monnoie, montent enſemble à 305,000 livres.

On ſera peut-être tenté de croire que les 425,000 livres, qui réſultent de tous ces titres que Madame de Saint-Vincent a entre ſes mains, ſerole terme auquel elle voudra bien arrêter la générosité de M. de Richelieu, & le bonheur qui l'attendoit à Paris, *dans le ſecret de ſes deſtinées.* Point du tout. Deux lettres de Madame de Saint-Vincent, ſaiſies dans les poches d'un ſieur Bennavent lorſqu'il fut arrêté, prouvent qu'il s'agiſſoit encore de fabriquer quatre nouveaux billets. « Sans doute » (porte l'un de ces écrits) « il faut *faire ſigner les billets.* Nous » ne pouvons prévoir ce qui peut arriver. Il *faut* » *gagner tout ce que nous pourrons.* Ils vont partir dans » une heure d'ici, & tu aurois dû m'envoyer *qua-* » *tre billets* (1) ».

Dans le ſecond; « Vous avez bien tort, Bennavent, » de croire que je me ſois adreſſée à d'autres qu'à » vous. Je le jure par le fer & l'Evangile, ce billet » ne m'appartient pas, il eſt à qui je vous ait dit.... » Je ne puis pas le vendre; il *faut que Rubit attende* » *celui de 20,000 liv. que vous avez écrit & que j'ai en-* » *voyé. Il faut qu'il attende* (2) ».

Madame de Saint-Vincent ne nie point qu'elle ait écrit ces deux lettres; & pour expliquer la ſeconde, elle déclare que Rubit, déja poſſeſſeur de billets montans à 80,000 liv. en deſiroit encore un de 20,000 liv. & ſe plaignoit qu'on en eût donné à d'autres. Elle avoue cependant *qu'elle n'avoit point*

---

(1) Scellé appoſé par le Commiſſaire Cheſnon en vertu d'ordre du Roi, premiere liaſſe, piece 9.

(2) *Ibidem*, huitieme piece.

envoyé les billets à M. de Richelieu pour les ſigner, comme ſa lettre le ſuppoſe; elle obſerve enfin « qu'il » n'eſt pas impoſſible qu'une perſonne, qui a déja re- » çu des billets, *deſire d'en recevoir* d'autres..... Mais » que l'effet ne s'en étant pas ſuivi, elle n'a fait que » faire un *ſouhait intéreſſé*, & ne l'a point exécuté, » ayant vu, par réflexion, le *ridicule* qu'il y avoit à » le tenter * ». On croira volontiers Madame de Saint-Vincent ſur le ridicule de ce dernier projet. Mais on ne peut s'empêcher d'obſerver que Bennavent l'inculpe lui-même d'un nouveaux faux, en lui ſoutenant avec perſévérance *qu'elle lui a montré une prétendue lettre de M. le Maréchal, qui contenoit, de ſa part, la promeſſe de ſigner ces nouveaux billets* *.

* 2e interrog. art. 57 & 59.

* Prem. interr. art. 24 & 25; 2e interr. art. 8.

On ne finiroit point, ſi l'on vouloit relever avec exactitude tous les faux que l'adreſſe de Madame de Saint-Vincent a fait éclorre. Revenons à l'objet capital de l'accuſation; & après avoir fait connoître comment ſe ſont formés les titres de Madame de Saint-Vincent, conſidérons l'uſage qu'elle en a fait. C'eſt un nouveau point de vue, qui ne peut que fournir des lumieres intéreſſantes.

Les douze billets ont été également préſentés à la négociation, en différens tems & par différens entremetteurs, dont les principaux ſont le Sr de Vedel, le nommé Bennavent, l'Abbé de Tranſe, le ſieur Abbé Froment, Chapelain du Couvent où demeuroit Madame de Saint-Vincent, & une femme Leroy, courtiere.

Le ſuccès n'a pas tout-à-fait répondu au zele des Négociateurs. Pluſieurs billets ont été refuſés par la juſte défiance qu'inſpiroit le myſtere ſous lequel on s'enveloppoit. Ce n'eſt pas que l'on ſe rendit fort difficile ſur le prix. On laiſſoit pour 25000 liv. des billets de quarante mille; & l'Abbé de Tranſe offroit, pour faciliter la négociation de deux de ces effets, *de les garantir & d'y engager ſa légitime.*

Madame de Saint-Vincent eſt cependant parvenue à trouver deux acquéreurs, & les circonſtances de ces deux opérations méritent une attention particuliere.

MADAME de Saint-Vincent n'étoit pas ſans inquiétude ſur le ſort des titres qu'elle avoit ſubſtitués aux mandats. Avant d'en haſarder la négociation, l'on voulut ſonder juſqu'à quel point une adreſſe plus attentive avoit pu porter la contrefaction. Deux particuliers inconnus, mais dont l'un étoit *Chevalier de Saint-Louis*, ſe rendent chez le Notaire de M. de Richelieu, lui préſentent un papier recouvert par un autre, qui ne laiſſoit voir au bas du premier que la ſignature, & lui demandent ſi c'eſt celle de M. de Richelieu. Une fauſſe ſignature, contre-tirée à la vitre ſur une véritable, ſéduira preſque toujours à la premiere inſpection, ſur-tout quand l'examen n'en ſera point accompagné des précautions qui peuvent conduire à la découverte de l'impoſture. Le Notaire croit reconnoitre la ſignature; mais ajoute en même-tems, qu'*elle lui paroît un peu maigre*, par la comparaiſon qu'il en fait à l'inſtant avec de véritables, & au ſurplus il obſerve que *ſi l'on veut être plus aſſuré, il n'y a qu'à voir l'Intendant.* Cette propoſition n'entroit pas dans les arrangemens des inconnus. Ils répondent que le ſecret exigé par M. de Richelieu ne le permet pas, & ſe retirent en demandant au Notaire lui-même le ſecret (1).

Le ſuccès de l'épreuve enhardit. On n'héſite plus; & l'on préſente les billets à la négociation, avec d'autant plus d'aſſurance, que l'on indique le Notaire comme un homme par qui l'on peut faire vérifier la ſignature. Un premier billet de 60,000 liv. eſt propoſé par le ſieur Abbé Froment, & parvient, après pluſieurs caſcades, juſqu'au ſieur Boucher de Préville. Il paroît que celui-ci a préſenté une ſeconde fois le billet au Notaire de M. de Richelieu. Il ne devroit pas cependant diſſimuler que cet Officier obſerva en même tems qu'*il étoit fort étonné que M. de Richelieu eût fait un pareil billet, parce que depuis trente-cinq ans qu'il connoiſſoit ſes affaires, il ne lui avoit jamais vu faire de ces ſortes de billets.* Mais le bon marché tente quelquefois. Le ſieur Boucher n'a donné que 20,000 l. d'argent, & que 40,000 livres de reſcriptions, qui perdoient alors 27 pour cent; enſorte que, déduction

(1) Les Accuſés voudroient confondre cette premiere démarche avec celles que les ſieurs Boucher & Rubi ont faites depuis pour leur propre compte. Mais le Notaire aura eu ſoin ſans doute de diſtinguer les trois démarches faites par des perſonnes différentes.

faite de la ſomme de 5400 liv. que le ſieur de Préville convient avoir retenue pour l'eſcompte *à ſix pour cent*, Madame de Saint-Vincent n'a reçu réellement que celle de 43,800 livres pour un billet de 60,000 livres.

Peut-être ſera-t-on tenté de croire que la néceſſité l'a forcée de ſubir cette loi. Mais une ſomme de 43,000 liv. reçue au mois de Novembre 1773, a dû fournir à ſes beſoins pendant quelque tems. Voyons donc ſi elle s'eſt rendue plus difficile ſur le prix, dans la ſeconde négociation qu'elle a faite aux mois de Mai & Juin ſuivans.

C'eſt avec un Marchand Frippier ſous les piliers des Halles, nommé Rubit, que les ſieurs de Vedel & Bennavent, agens de cette ſeconde opération, conſomment en deux fois une négociation de billets montans enſemble à 80,000 livres. Ils éprouvent un premier refus de ce Marchand, qui n'a point d'argent comptant à donner. Ils reviennent à la charge, déclarent qu'on ſe contentera de marchandiſes, & acceptent des meubles & effets de toute eſpece. Un Huiſſier-Priſeur & un Marchand, qu'ils avoient choiſis ſucceſſivement pour eſtimer les effets offerts, leur déclarent que les états de Rubit ſont exagérés, & refuſent de ſouſcrire à des prix uſuraires. Les ſieurs de Vedel & Bennavent acceptent tout, & font eux-mêmes le marché. Les effets ſont expoſés en vente, une premiere fois ſous le nom du ſieur de Vedel, une ſeconde ſous celui de Bennavent, dans une Salle des Auguſtins. L'honnêteté de l'Huiſſier Priſeur le détermine à interrompre une vente qui ne lui paroît pas se faire avantageusement. On le force à la reprendre, & Bennavent lui donne un billet, par lequel il l'autorise à vendre *à quelque prix que ce soit.* Quel est le résultat de cette négociation ? Les deux ventes n'ont produit que 15,952 liv. 16 s. Madame de Saint-Vincent n'a reçu que 12,000 liv. d'argent ; total, elle a livré 80,000 liv. de billets pour 27,952 liv. 18 s. On n'est plus étonné d'avoir vu le sieur Rubit demander encore avec tant d'empressement un billet de 20,000 livres, & se plaindre de ce qu'on vouloit lui préférer un autre.

Ce n'est pas que Rubit fût sans défiance sur les effets qu'il se procuroit ; aussi avoit-il pris des précautions qui paroîtroient bien singulieres dans toute autre circonstance. Lors de la premiere opération consommée au mois de Mai, & qui n'avoit pour objet qu'un billet de 20,000 liv. il a exigé des sieurs de Vedel & Bennavent un acte par lequel ils ont certifié conjointement, « que le billet *signé de M. de Richelieu* étoit » par lui *bien & légitimement dû* à Madame de Saint-» Vincent, & que le sieur Rubit en avoit *bien légi-» timement fourni & compté la valeur en leur présence* ». Il est vrai qu'ils ont déclaré *ne vouloir point garantir le billet* ; & c'est Madame de Saint-Vincent qui a donné cette garantie, dans le cas où le billet ne seroit point acquitté sous quelque prétexte que ce fût. Elle a aussi donné seule la même garantie des billets qui ont fait l'objet de la seconde opération, & qu'elle a de a de même déclaré *signés & légitimement dus par M. de Richelieu.*

Des ventes faites à des prix aussi bas & avec de telles précautions, les efforts, que Madame de Saint-Vincent a faits pour se débarrasser en même tems de tous les autres billets, en prouvent évidemment la fausseté. On conçoit qu'elle auroit pû être détérminée par des besoins urgens à négocier un ou deux billets, malgré l'engagement qu'elle avoit pris vis-à-vis de M. de Richelieu de n'en point disposer. Mais elle n'a pu se porter à une négociation de la totalité, que par l'effet de la crainte qu'une premiere négociation ne découvrît son crime, & dans l'intention d'aller jouir, loin des recherches de la Justice, du bénéfice quelconque qu'auroit pu lui procurer la crédulité des acheteurs.

L'intrigue a été découverte plutôt qu'elle ne s'en étoit flattée. C'est une nouvelle époque où il est intéressant de fixer les yeux sur sa conduite.

IVe. EPOQUE.

M. de Richelieu venoit de partir le 16 Juin pour son Gouvernement. Le lendemain 17, un Sr Guinot se présente au Sr Marion son Intendant. Il lui annonce qu'on propose à une personne qui a confiance en lui, pour paiement d'une créance légitime, trois billets de M. de Richelieu, qu'il lui montre & sur lesquels il lui demande son avis. Le sieur Guinot affectoit le plus grand myſtere ; il ne vouloit point dire à qui appartenoient les billets, & à qui ils étoient propoſés. Peut-être ignoroit-il réellement que c'étoit trois des billets dont Rubit avoit conſommé la négociation, & qu'au même moment on vendoit encore aux Auguſtins les effets qui en avoient été le prix.

Le ſieur Marion ne crut pas devoir laiſſer pénétrer à un tiers qu'il ne connoiſſoit pas, l'étonnement que lui cauſoient des titres qui lui paroiſſoient au moins très-ſuſpects. Il ſe contenta de répondre des choſes vagues, & lui dit qu'il inſtruiroit M. de Richelieu.

Le ſieur Guinot revint à la charge trois ſemaines après. Le ſieur Marion étoit alors aſſuré, par les réponſes de M. de Richelieu, que les billets qui couroient ſous ſon nom ne pouvoient être que des billets faux. Mais il n'avoit encore fait que des découvertes imparfaites ſur les négociations. Il étoit important de remonter juſqu'à la ſource. S'expliquer trop tôt, c'étoit avertir le coupable & les négociateurs de ſe tenir ſur leurs gardes. Il ſe contenta donc de dire qu'il conſeilloit à la perſonne de ſuſpendre l'affaire, juſqu'à ce qu'elle reçût de lui une réponſe plus poſitive.

Cependant le ſieur Marion avançoit dans ſes découvertes ; il avoit acquis la certitude qu'il s'étoit négocié des billets pour des ſommes conſidérables, & que Madame de Saint-Vincent étoit annoncée comme celle au profit de laquelle les billets avoient été ſouſcrits ; il avoit fait paſſer des détails plus certains à M. de Richelieu, qui juſque-là avoit traité de viſion une négociation de billets dont il ſavoit l'exiſtence impoſſible.

Ne pouvant enfin douter du crime, M. le Maréchal héſitoit encore à en croire Madame de Saint-Vincent coupable. Un autre fauſſaire pouvoit chercher à ſe cacher ſous un nom emprunté. Des conſeils funeſtes avoient pu traîner une femme, emportée par une imagination bouillante, juſqu'au bord d'un précipice dont l'aſpect devoit l'intimider. Les remords, cette reſſource heureuſe que la nature a ménagée à la foibleſſe humaine & qui arrête quelquefois les progrès du crime, pouvoient par un aveu néceſſaire épargner à Madame de Saint-Vincent la honte d'un éclat, & à M. de Richelieu la cruelle néceſſité des pourſuites judiciaires. Toutes ces vues le déterminerent à écrire à Madame de Saint-Vincent. Il envoya la lettre ſous cachet volant au ſieur Marion. Il avoit ordre de la remettre lui-même; & la réponſe que l'on feroit devoit déterminer les démarches ſubſéquentes.

La lettre étoit conçue en ces termes : « *J'apprends* » *avec étonnement*, ma chere couſine, qu'il ſe négo- » cie pour *deux cent mille francs* (1) de billets *ſignés* » *de moi.* Ce qui m'étonne encore davantage, c'eſt » qu'on m'a dit *que vous êtes mêlée la-dedans, ce que* » *je ne puis croire.* Je vous prie d'écouter avec bonté

(1) M. de Richelieu n'avoit encore connu par les négociations que pour 200,000 livres de billets exiſtans. S'il eût fait les billets en queſtion, il n'en auroit pas pu ignorer le montant.

» le ſieur Marion mon Intendant, qui vous remettra
» cette lettre, & l'aider à démêler le fil de cette *frip-*
» *ponnerie*, que vous avez autant d'intérêt que moi à
» ne *pas laiſſer impunie.* Je ne vous parlerai pas d'au-
» tres choſes dans cette lettre ».

La lettre écrite le 12 Juillet à Bordeaux, & qui ne pouvoit arriver que par le Courier du ſamedi 16, fut portée le même jour à quatre heures du ſoir.

Le ſieur Marion crut devoir d'abord ſonder les diſpoſitions de Madame de Saint-Vincent, en paroiſſant venir de ſon propre mouvement, pour lui communiquer les bruits qui étoient parvenus juſqu'à lui.

Madame de Saint-Vincent, perſuadée que l'on n'avoit point encore acquis de preuves certaines ſur les négociations qui ſeules pouvoient conſtater le corps du délit, prit un air de ſécurité qui auroit pu en impoſer à quelqu'un de moins inſtruit, traita les faits dont on lui parloit de fable ridicule & incroyable, & cherchoit en même tems par des queſtions artificieuſes à pénétrer ce que le ſieur Marion ſavoit, & les voies par leſquelles il avoit pu parvenir à quelques découvertes.

Celui-ci, convaincu par ces détours de la mauvaiſe foi de Madame de Saint-Vincent, ſe tint ſur la réſerve, & finit par lui préſenter la lettre qu'il avoit ordre de lui remettre.

Il eſt un inſtant déciſif pour la conviction des coupables, mais qui malheureuſement échappe preſque toujours aux regards de la Justice. Le criminel, qui se voit découvert dans un moment imprévu, se trahit par les premiers mouvemens de la surprise. La lenteur de l'instruction lui laisse la liberté de rappeller les facultés de son ame & de son esprit; elle lui permet ensuite de prendre une contenance plus ferme, & de combiner sa défense avec plus ou moins d'audace & d'artifice. Mais le premier éclair, qui lui annonce la vengeance du Ciel, le frappe d'une terreur involontaire, qui l'accable & le terrasse.

A la lecture de la lettre, Madame de Saint-Vincent pâlit, tremble, se déconcerte; elle conserve toujours le ton de dissimulation; mais elle a perdu cette contenance riante & assurée. Elle prend les mains du sieur Marion, le comble de caresses, & cherche à pénétrer son secret, par mille questions artificieuses; celui ci se retire aussi convaincu qu'indigné.

Est-il en effet quelqu'un de ceux qui tiennent en ce moment les yeux fixés sur Madame de Saint-Vincent, qui puisse hésiter à prononcer son jugement? Quoi, M. de Richelieu ne rougit point de lui desavouer ses billets, des billets qui sont le prix...! Il ose traiter de *fripponnerie* des titres sacrés pour lui, quel qu'en puisse être l'origine! Il fait porter par un homme d'affaires à Madame de Saint-Vincent un désaveu qui l'accuse elle-même de faux. Et sa réponse n'est pas aussi prompte que fiere. Elle ne dédaigne pas de s'excuser sur une négotiation, qui ne pouvoit être dans son système qu'un manque de procédé, pour reprocher à M. de Richelieu avec indignation l'atrocité de l'inculpation qu'il ose lui faire !

Peut-être Madame de Saint-Vincent auroit-elle pu nier l'exactitude de faits, qui n'ont eu pour témoin que le sieur Marion. Mais elle ne pourra nier la réponse par écrit qu'elle lui renvoya le même jour pour M. de Richelieu. La voici :

« Mon cher cousin, je réponds vîte à votre let-
» tre, qui m'a causé *autant d'étonnement qu'à* vous
» *la nouvelle de ces billets*, & *du nom de Madame de*
» *Saint-Vincent*, qu'on dit être mêlée là-dedans, &
» *que j'ignorois parfaitement*; j'envoie cette lettre à
» M. Marion, par une personne qui *pourra l'aider à*
» *découvrir quelque chose*, & j'embrasse mon cher
» cousin. Ecrivez-moi *ce que vous apprendrez*, & ai-
» mez-moi toujours : car je suis bien fâchée contre
» ceux qui me nomment sans me connoître.

On le voit bien à la seule lecture de la lettre. Madame de Saint-Vincent *a répondu vîte*. Le désordre de son style annonce celui de son ame. Mais c'est précisément parce que la réponse est écrite dans ce premier instant où le crime n'a pas encore combiné toutes ses ressources, qu'elle forme un titre plus décisif. La réflexion a fait sentir depuis toutes les conséquences qui en résultent. La subtilité a fait inventer des détours. Mais que ses artifices sont foibles contre l'éclat de la vérité ! On supprime la lettre écrite par M. de Richelieu & l'on ose soutenir qu'elle ne contenoit qu'un reproche ſur la négociation des billets, pour pouvoir préſenter la réponſe comme ne contenant qu'une ſimple diſſimulation ſur un manque de procédé, que l'on pouvoit encore eſpérer de cacher ou de réparer.

Un ſeul mot doit confondre Madame de Saint-Vincent. Qu'elle repréſente, ſi elle l'oſe, la lettre de M. de Richelieu. Elle a conſervé plus de 200 cens lettres. Elle en a tiré de ce recueil précieux quarante qu'elle a fait dépoſer. Et la plus importante de toutes, la derniere reçue, celle qui ſuffiroit à ſa juſtification, & qui couvriroit ſon accuſateur de confuſion, eſt la ſeule que le haſard lui ait fait égarer !

Mais c'eſt inutilement qu'elle appelle à ſon ſecours un accident auquel perſonne ne croira. Le véritable contenu de la lettre eſt fixé par une foule de preuves qui ne peuvent pas laiſſer ſubſiſter la moindre équivoque.

La ſeule réponſe de Madame de Saint-Vincent détermine ſuffiſamment la queſtion qui lui étoit faite (1). Il eſt évident que, dans l'hypothèſe où elle ſe place, ſa lettre auroit dû être conçue dans des termes tout différens; ſoit qu'elle eût pris le parti d'avouer ou de

---

(1) La ſeule comparaiſon de la réponſe de Madame de Saint-Vincent avec la lettre que M. de Richelieu préſente comme celle qu'il a écrite, prouve que celle-ci n'a pas pu être conçue en d'autres termes. Cette combinaiſon fournit pluſieurs autres reflexions très-importantes que l'on ſupprime ici, pour éviter les longueurs. On trouvera à la ſuite des Pieces juſtificatives une analyſe de ces deux lettres, & des reflexions qui méritent toute l'attention des Magiſtrats.

nier la négociation, l'aveu ou la dénégation l'auroit nécessairement mise dans le cas de parler des bontés de M. le Maréchal, qui avoit mis entre ses mains les billets, ce n'auroit point été la *nouvelle des billets*, mais celle de la *négociation* qui auroit causé sa surprise. Et si, contre toute vraisemblance, elle eût pris le parti de dissimuler cette négociation, elle se seroit bien gardée d'offrir les moyens d'en découvrir les traces.

Mais il y a plus : malgré la suppression de la lettre de M. de Richelieu, son contenu se trouve aujourd'hui irrévocablement fixé. Cette lettre, envoyée au sieur Marion sous cachet volant, avoit été lue avant d'être présentée à Madame de Saint-Vincent, par l'un des Conseils, & par un Magistrat ami de M. de Richelieu. La mémoire de ces trois personnes, a mis en état d'en joindre au procès la copie telle qu'on l'a rapportée ci-dessus, & de la fidélité de laquelle on est sûr. Madame de Saint-Vincent, sommée de reconnoître cette copie, n'a cru elle-même y reconnoître d'autre différence avec l'original qu'en ce qu'elle a prétendu substituer le mot de *maquignonerie* à celui de *fripponnerie*.

On pourroit sans danger lui accorder l'avantage de ce petit changement. Il n'est personne qui ne sente que la lettre de M. de Richelieu auroit été conçue en des termes tout différens, si elle n'avoit eu pour objet que de reprocher la négociation. Ce reproche même l'auroit conduit nécessairement à parler des billets qu'il avoit faits, & à en constater l'existence.

Jamais

Jamais, dans cette hypothese, M. de Richelieu n'auroit pu dire qu'il étoit *étonné* d'apprendre qu'il se négociât des billets *signés de lui*. Il n'auroit eu aucune raison *de ne pas croire que Madame de Saint-Vincent fût mêlée là-dedans*. Il n'auroit point été dans le cas de la prier *de l'aider à démêler le fil* d'une opération sur laquelle il auroit suffi de l'interroger elle-même. Enfin *quel intérêt* Madame de Saint-Vincent auroit-elle pu avoir à se joindre à M. de Richelieu, *pour ne pas laisser impunie* une négociation, qui n'auroit été qu'un manque de procédé de sa part, & qu'elle n'auroit pu imputer qu'à elle-même ? En un mot, il n'est personne qui, à la simple lecture de la lettre (1) telle que Madame de Saint-Vincent la reconnoit, ne lui donne un sens tout opposé à l'interprétation qu'elle s'efforce de lui prêter, même en y substituant le mot de *maquignonerie* qui, dans le contexte de la lettre, deviendroit évidemment synonime à celui qu'elle croit avoir tant d'intérêt de supprimer.

Telle a été l'impression qu'éprouva le sieur Rubit à la lecture que Madame de Saint-Vincent lui fit de cette même lettre, quoiqu'elle eût pris la précaution artificieuse d'y substituer le mot de *Maquignonerie*. Elle vouloit calmer les inquiétudes de cet homme, qui avoit eu les oreilles frappées de la réclamation de M. de Richelieu. Elle vouloit lui persuader que M. de Richelieu ne se plaignoit que de la négociation. Malgré l'intérêt qu'il avoit à croire les

(1) Voyez à la suite du Mémoire les réflexions sur cette lettre & celle de Madame de Saint-Vincent, annoncées dans la note précédente.

billets vrais, il ne put s'empêcher de s'écrier : *Madame, voilà une lettre qui ne ressemble en rien à tout ce que vous m'avez dit :* * & lorsqu'il eût reçu ensuite du sieur Marion la lecture de la réponse que Madame de Saint-Vincent y avoit faite, *il tomba dans le désespoir, en ce qu'il vit qu'elle ne parloit aucunement des billets de M. de Richelieu, & qu'il lui auroit paru plus naturel qu'elle fît la confession qu'elle les avoit négociés.* *

* Premier interrogatoire de Rubit, art. 2.

* *Ibid.* art. 6.

Telle sera en effet l'impression nécessaire que fera la lecture des deux lettres sur tous ceux qui les verront, & telle a été dans le fait l'idée dont Madame de Saint-Vincent a été elle-même affectée, à la lecture de celle de M. de Richelieu. L'Abbé de Villeneuve son neveu ne sera pas certainement un témoin suspect pour elle. Il déclare dans son second interrogatoire, « qu'ayant trouvé cette Dame triste, il la pressa, » & lui fit avouer que le sieur Marion venoit de » lui communiquer une lettre de M. de Richelieu, » par laquelle *il nioit ses billets* * ». Le sieur Marion n'en a point communiqué d'autres que celle du 12 Juillet.

* Art. 4.

Nous pouvons abandonner maintenant Madame de Saint-Vincent au regret que doit lui causer l'imprudence de sa réponse, & il ne sera pas difficile de deviner quelle pouvoit être la mission de celui qu'elle députoit au sieur Marion, *pour l'aider à découvrir quelque chose.*

C'étoit Bennavent, ce zélé entremetteur de toutes les négociations, & qui, dans le même moment, faiſoit vendre, ſous ſon nom, les effets qu'il avoit reçus de Rubit: la ruſe étoit trop groſſiere. Le ſieur Marion n'accepta point les offres inſidieuſes d'un homme dont il connoiſſoit déjà une partie des intrigues. Il pouvoit eſpérer dans les ſecours de la Police des reſſources plus utiles pour achever de pénétrer ces infames myſteres.

Madame de Saint-Vincent, ne comptant plus ſur les ménagemens de M. de Richelieu, dont elle avoit négligé de profiter, cherche du moins à retarder & à embarraſſer ſa pourſuite en ſupprimant les billets qui forment le corps du délit.

Rubit eſt le premier ſoupçonné d'avoir éventé la négociation. On lui députe Bennavent pour tâcher de retirer les billets de ſes mains. Mais l'argent comptant eſt déjà diſſipé, ou peut être utile pour la fuite, ſi elle devient néceſſaire. On lui fait entendre que M. de Richelieu ſoupçonne la négociation, & que pour l'appaiſer, ou même le tromper, on veut repréſenter les billets comme exiſtans encore entre les mains de Madame de Saint-Vincent.

Mais la lecture, quoique falſifiée, de la lettre de M. de Richelieu, lui fait une impreſſion toute oppoſée. Son refus augmente les alarmes de Madame de Saint-Vincent. Elle lui reproche de *l'avoir perdue par ſes indiſcrétions*. Elle eſſaie de l'intimider par des menaces. *Il faut qu'il rende les billets, s'il ne veut pas qu'il lui arrive une affaire terrible.* Mais il a peu à craindre, ſi les billets ſont vrais; & dans le cas contraire, d'autres ont plus à craindre que lui. Il perſiſte dans son refus. Alors le sieur Vedel & Bennavent, *présens à ces discussions*, prennent la plume & lui souscrivent avec la Dame de Saint Vincent, *un écrit* par lequel *ils se rendent cautions solidaires des billets* qu'ils le supplient de leur confier. Ils annoncent, à la vérité, qu'ils n'entendent que s'en rendre les dépositaires momentanés à l'effet de pouvoir démentir, par la représentation qu'ils en veulent faire au sieur Marion, le soupçon des négociations. Mais Rubit ne donne point dans un piége, dont l'embarras même des acteurs lui découvre tout le danger. Madame de Saint-Vincent désespérée, *déchire à ses yeux un billet de 600 livres*, qu'elle avoit reçu de lui en paiement, lors de la vente, & ne lui demande, pour prix de ce sacrifice, que de vouloir bien au moins *dire au sieur Marion, en cas qu'il vînt à l'interroger, qu'il avoit rendu les billets, & qu'ils n'étoient plus en sa possession.*

Tous ces faits sont prouvés par le premier interrogatoire du sieur Rubit, & par la reconnoissance que Madame de Saint-Vincent a faite des morceaux du billet déchiré; mais ils le sont encore par trois lettres écrites de sa propre main, & qui annoncent d'autres intrigues du même genre.

Les trois lettres sont adressées à Bennavent (1).

Dans la premiere, datée *du* 17 *Juillet*, elle lui dit: « Ne donnez pas ma signature, montrez cette lettre » à Rubit, & gardez-la, parce qu'elle nous assurera » de *son secret.* Je me meurs, *mon cher Bennavent;*

---

(1) Voyez scellé apposé par le Commissaire Chesnon, par ordre du Roi, premiere liasse, pieces 11, 12 & 14.

» le Major va vous trouver. Je vous aimerai toute » ma vie ».

Dans la feconde, fans date : « Mon cher Bennavent, je n'ai pas dormi une minute, *& nous fommes* » *perdus, fi Rubit nous trahit.* Il faut l'envoyer chercher de ma part, & que, pour ma tranquillité, il » vous faffe voir ce matin les 3 B.... enfuite lui offrir encore de les retirer en payant, & lui faire » écrire & *figner qu'il n'en parlera pas.* Car fon billet » ne contient pas *le fecret* que nous lui demandons. » Faites cette réflexion, je vous prie, & au contenu » de ce billet qui ne fignifie rien ».

Dans la troifieme, auffi fans date : « Mon cher Bennavent, *on fait des informations*, on a été chez cette » femme. *Je me meurs.* Allez avertir Rubit, *& cédez-* » *lui tout, pour qu'il ne parle de rien.* Adieu mon fils. » Enfuite, voyez Marion, & parlez-lui, *& cherchez à* » *découvrir ce qu'il fait;* & venez vîte, car *j'ai la fié-* » *vre*, & je ne faurois mourir fans vous voir autant » que je le pourrai. Je ne vous dis point combien je » vous aime ».

Il auroit été à fouhaiter que Rubit eût voulu expliquer les nouvelles intrigues que ces lettres annoncent. Il a eu du moins la fincérité d'avouer encore un fait bien important. Il avoit promis le fecret, mais on fe défioit de fon courage. Il exiftoit entre fes mains un titre bien dangereux ; ce certificat que le Major & Bennavant lui avoient donné le 13 Mai. On n'en pouvoit pas efpérer le facrifice volontaire : on tenta de le lui extorquer par adreffe. Le Major & Bennavent fe transporterent chez lui, & le prierent de leur représenter leur certificat, sous prétexte, disoient-ils, de lui donner une forme plus réguliere, en y ajoutant le second des deux noms du Major, qui n'en avoit signé qu'un seul. Mais Rubit se garantit de ce nouveau piége, & déclara qu'il ne pouvoit consentir à la moindre innovation sur un titre qui avoit déja passé sous les yeux du Lieutenant de Police.

A CE NOM la frayeur de Madame de Saint-Vincent redouble ; mais ses Conseils raniment son courage. Elle essaie, par une fausse confidence, de ralentir le zele d'un Magistrat redoutable au crime. Elle vient lui avouer naïvement qu'elle a manqué à M. de Richelieu en négociant des billets dont elle lui a promis de ne point faire usage avant les termes convenus, mais dont la réalité paroîtra d'autant moins suspecte, qu'elle a la bonne foi de reconnoître que la cause n'en est point légitime : au surplus, le mal est encore réparable. Elle retirera ces billets négociés, remettra tout à M. de Richelieu, à qui elle ne veut rien demander.

Mais son propre artifice se tourne contr'elle : elle avoit tû au Magistrat la lettre de M. de Richelieu, & la réponse qu'elle y avoit faite ; & lorsque le Magistrat, plus instruit, lui demande la représentation de la premiere, elle est forcée d'alléguer une perte qu'elle ne peut lui persuader. Elle n'annonce que 200,000 livres de billets, & les recherches de la Police en constatent déjà pour des sommes beaucoup plus considérables. Elle promet de retirer ceux négociés, & l'on ſait qu'elle tente au même inſtant de nouvelles négociations. Elle a l'imprudence, pour juſtifier les titres qu'elle negocie, de repréſenter encore en nature le billet au porteur de 300,000 livres; & l'on ne peut s'empêcher de lui obſerver qu'il eſt incroyable que M. de Richelieu lui ait donné en échange dix billets ſans retirer celui dont ils ne doivent être que la monnoie (1).

Madame de Saint Vincent ſe retire convaincue qu'il ne lui étoit plus poſſible d'en impoſer à un Magiſtrat auſſi éclairé. La fuite eſt ſon unique reſſource; mais ignoroit-elle que c'eſt auſſi l'une des preuves les moins équivoques du crime que le coupable ſe reproche?

Ce projet de fuite eſt conſtaté par le billet qui ſuit, écrit de ſa propre main au fidele Bennavent: « Souvenez-vous, mon cher Bennavent, qu'il faut que je parte lundi, *ſans cela, je ſuis perdue*, parce qu'on m'a avertie: *ainſi, je fais mes malles & je pars.* Mais il me faut de l'argent de Charriot, & je ne comprends pas pourquoi il ne veut me le donner que mardi. Je ſuis dans une grande inquiétude, & vous êtes tranquille. *Je pars avec mon neveu* *. Mais encore un coup, pourquoi Charriot ne veut-il point remettre mon argent? Il a gardé l'autre, & veut garder celui-ci, apparemment pour payer ſon procès. Je ſuis, en vérité, bien malheureuſe en tout;

* L'Abbé de Villeneuve-Flayoſc.

(1) Le billet exiſtoit encore entre les mains de la Dame de Saint-Vincent le 25 Juillet. Il a été vu par M. de Sartine & par le ſieur de Jumilhac.

» c'eſt *dans ces occaſions qu'on abandonne tout pour ſes* » *amis*, *& tu me laiſſe !* C'eſt affreux à penſer. J'en » ſuis déſolée, mon cher ami. Fais-toi donner cet ar- » gent, *ou il faut que je ſois priſe* ».

Madame de Saint-Vincent peint, dans ce billet, trop énergiquement ſon déſeſpoir & trop naïvement ſon projet, pour que la lettre ait beſoin de commentaire à cet égard.

Quant à *l'argent de Charriot*, voici le mot de l'énigme : C'étoit l'Huiſſier-Priſeur qui avoit vendu les effets de Rubit, ſur la requête des ſieurs Vedel & Bennavent. On a déja obſervé que ſon honnêteté l'avoit déterminé à interrompre une premiere fois la vente. Le *ſeize Juillet* Bennavent l'avoit forcé de la reprendre, & il l'avoit interrompue une ſeconde fois, malgré le billet par lequel Bennavent l'autoriſoit à vendre *à quel prix que ce fût*. L'argent qui avoit été tiré de la premiere vente avoit été remis ; mais 2800 liv. produits par la ſeconde vente, ſe trouvoient arrêtés entre les mains de l'Huiſſier, par l'oppoſition que Rubit avoit faite depuis l'éclat de l'affaire. C'étoit cette ſomme que Madame de S. Vincent vouloit arracher des mains de l'Huiſſier, pour faciliter ſon évaſion.

On laiſſe à juger, ſur la ſeule lecture de la lettre, ſi elle ne préſente que l'idée d'une ſimple partie de campagne, ainſi que le prétend aujourd'hui Madame de Saint-Vincent. Elle dément elle-même ſon allégation, lorſqu'elle ajoute qu'elle vouloit ſe ſouſtraire à la vengeance de M. de Richelieu dont elle redoutoit le crédit. Dans ſon propre ſyſtême,

tême, elle n'auroit eu à se reprocher qu'une négociation faite au mépris de la parole donnée à M. de Richelieu, & qui n'auroit été qu'un manque de procédé. Pouvoit-elle jamais appréhender que le Gouvernement daignât s'occuper d'une discussion de cette nature, & qui lui étoit si étrangere (1)? Le fait, dont on va rendre compte, achevera de prouver combien elle appréhendoit peu d'offenser M. de Richelieu par la négociation des billets.

Madame de Saint-Vincent avoit reçu dès le seize la lettre par laquelle M. de Richelieu désavouoit les billets. L'affaire avoit éclaté: les Associés de la Dame de Saint-Vincent, qui avoient participé aux négociations, ne pouvoient ignorer la réclamation de M. de Richelieu. Cependant, six & huit jours après, on a tenté encore, sous la voûte du Palais-Royal, deux nouvelles négociations. Un billet de 20000 liv. a été offert par Bennavent, le 24, au sieur Rolland qui le rejetta, en disant: *Qu'il faut qu'il y ait un boisseau de ces sortes de billets.* Le 22, des inconnus qui s'enveloppoient du plus grand mystere (2), proposoient la

(1) M. de Richelieu étoit encore à cette époque à Bordeaux.

(2) L'Abbé de Villeneuve a lui même trahi le secret, en déclarant qu'il avoit reçu le 21, de la Dame de Saint-Vincent, les billets en question, pour les faire négocier. Il est à souhaiter pour lui que le sieur Dufour se soit accordé à reconnoître que l'Abbé de Villeneuve l'a prévenu de la réclamation de M. de Richelieu en lui donnant les billets à négocier. Mais comment excuseroit-il sa démarche, si ce témoin avoit attesté qu'il ne lui a parlé de ce fait que lorsque les billets lui ont été remis après les tentatives infructueuses qu'on avoit faites pour les vendre?

vente de deux billets montans ensemble à 50,000 liv. & le marché auroit été consommé pour 33,000 l. si les Négociateurs n'avoient point été retenus par la nouvelle que Madame de S. Vincent & Bennavent venoient d'être arrêtés. N'est-il pas évident que des opérations aussi inexcusables n'ont pu avoir d'autre objet que celui d'escroquer au Public des fonds suffisans pour faciliter à Madame de Saint-Vincent les moyens de se soustraire à la vengeance de la Justice, & de prévenir une accusation, dont elle sentoit que les premiers actes n'étoient suspendus que par l'éloignement de M. de Richelieu, & par la nécessité d'attendre les pouvoirs que la forme de la procédure exige.

CINQUIEME EPOQUE.

Nos Loix, en assujettissant les poursuites criminelles à de certaines formes, ont eu sans doute, autant pour objet de garantir l'innocence & la foiblesse contre les attentats de la calomnie ou du pouvoir, que d'assurer la punition des coupables. Nos personnes & nos biens sont également sous la protection de la Loi, & la liberté, plus précieuse que la fortune, ne doit être attaquée que par des voies légales & judiciaires. A Dieu ne plaise qu'on essaie d'altérer la pureté de ce principe sacré du droit naturel & de notre Monarchie.

Mais la Loi n'a point eu l'intention de favoriser l'impunité. La lenteur des formes judiciaires laisseroit presque toujours échapper le coupable, si l'activité du Gouvernement ne venoit quelquefois au secours de la Justice. Les Magistrats n'ont jamais réclamé contre les actes d'autorité, qui n'ont eu pour but que de préparer & de seconder leurs opérations.

Madame de Saint-Vincent alloit échapper, & avec elle peut-être les principales preuves de son crime, si la sagesse des ordres du Roi n'avoit prévenu une fuite trop suspecte. Les intrigues du sieur Bennavent, lors des négociations & depuis, ont conduit aussi à s'assurer de sa personne. Les pieces qui se sont trouvées sur lui ont justifié la précaution que la prudence avoit inspirée. On y trouve, 1°. les lettres que Madame de Saint-Vincent lui avoit écrites, & dont on a déjà parlé; 2°. l'un des prétendus billets de M. de Richelieu; & l'on seroit tenté de croire que c'étoit le prix de ses services, s'il n'invoquoit pour preuve de leur gratuité, le témoignage de Madame de Saint-Vincent *. A l'égard de celle-ci, *ses malles étoient faites*, on avoit détourné tout ce qui ne pouvoit point quadrer avec son systême ; on avoit écarté les pieces mêmes dont on a voulu l'étayer par la suite, & dont peut-être une partie n'existoit point encore. Il ne s'est trouvé, sous les scellés apposés par le Commissaire Chesnon, que douze pieces, dont trois étoient des projets de lettres qu'on avoit remis à Madame de Saint-Vincent pour modele de ce qu'elle devoit écrire à M. de Richelieu ; une quatrieme étoit une copie écrite de la main du Major d'une lettre prétendue de M. de Richelieu, & les huit dernieres, de prétendues lettres originales de M. de Richelieu. Voilà tout ce que la prudence n'avoit point encore

* Mémoire du sieur de Bennavent, page 26.

écarté de cette multitude de lettres qui remplissoient une serviette.

Des prétextes de santé ont procuré à Madame de Saint-Vincent, peu de jours après, une liberté dont il lui a été facile d'abuser pour se concerter avec le sieur de Vedel & le sieur Abbé de Villeneuve qu'elle voyoit tous les jours. Le Garde de Police, qu'on avoit eu la précaution de lui donner, pouvoit bien empêcher son évasion, mais ne pouvoit point empêcher la soustraction des papiers & les autres intrigues qui furent alors pratiquées, & que M. de Richelieu se trouve dans l'impuissance de constater, dès-lors que les usages de la Police ne lui permettent point de faire entendre ce témoin.

La procuration, que M. de Richelieu avoit envoyée de Bordeaux pour rendre plainte avoit précédé les ordres du Roi en vertu desquels Madame de Saint-Vincent & Bennavent avoient été arrêtés; mais la plainte n'a pu être présentée que deux jours après.

L'insuffisance de la procuration de M. le Maréchal, les nuages qui couvroient encore cette intrigue mystérieuse, & l'ignorance où l'on étoit du nombre des billets & de la quotité des sommes qu'ils contenoient, a forcé de ne rendre cette premiere plainte que d'une maniere indéterminée, *contre les auteurs, complices & adhérens de la falsification & négociation de prétendus billets au porteur signés de M. de Richelieu.*

Les informations, en développant les circonstances des négociations proposées ou même consommées, ont dû sans doute faire tomber les premiers.

ſoupçons de la Juſtice ſur les principaux auteurs de ces négociations frauduleuſes. Mais les billets de Madame de Saint-Vincent ſaiſis ſur Bennavent, lors de ſa capture, les inculpoient tous deux plus directement.

Ces premieres charges ont produit des décrets de priſe de corps contre Madame de Saint-Vincent, Bennavent, le ſieur de Vedel, l'Abbé de Villeneuve-Flayoſc, Rubit, la femme Leroy, & des décrets d'aſſigné pour être oui, contre l'Abbé Froment, le ſieur Boucher de Préville, & le ſieur Abbé de Tranſe (1).

(1) Les Accuſés ſe ſont récriés ſur ce que ces décrets ont été décernés *aux riſques & périls de M. de Richelieu.* Ils ont préſenté cette circonſtance comme une preuve que ces décrets n'avoient pu être que la ſuite de la complaiſance du Juge, & d'une compoſition faite avec lui.

Il ſuffiroit peut-être d'obſerver qu'il y a au Châtelet pluſieurs exemples de cette formule, qui n'a point été inventée pour cette affaire. Mais les réflexions les plus ſimples vont prouver que la clauſe dont il s'agit, abſolument indifférente en elle-même, n'a pu avoir pour principe celui qu'on lui ſuppoſe.

La clauſe étoit inutile & ſans objet, ſoit vis-à-vis de la Partie, ſoit vis-à-vis du Juge.

Vis-à-vis de la Partie. L'Accuſateur eſt toujours garant des décrets qui ſe décernent ſur la plainte lorſqu'il eſt Partie civile. La clauſe ne pouvoit rien ajouter à cette garantie de droit.

Vis-à-vis du Juge. Il ne peut être pris à Partie ſous prétexte d'un décret, qu'autant qu'il eſt évidemment injuſte. S'il en avoit décerné un de cette nature, il ne ſe déchargeroit point de l'action, ſous prétexte qu'il ne l'a donné qu'*aux riſques & périls de l'Accuſateur.* Il n'en ſeroit que plus repréhenſible, s'il n'avoit accordé qu'aux ſollicitations & à la complaiſance un Jugement injuſte.

Les interrogatoires des accusés, leurs aveux, leurs contradictions, leurs réticences mêmes n'ont servi qu'à justifier les décrets qui avoient été décernés.

Les scellés avoient été apposés, suivant l'usage, chez les accusés décrétés de prise de corps. Lors de la levée de ces scellés, on auroit dû naturellement trouver chez Madame de Saint-Vincent, 1°. les lettres qu'elle prétend avoir reçues de M. de Richelieu, & celles qu'il lui a véritablement écrites : 2°. les lettres du Major, qui devoient former le second volume de sa correspondance avec Madame de Saint-Vincent : 3°. ceux des prétendus billets au porteur qui

---

Le Juge, dans l'espece particuliere, avoit encore moins besoin que dans toute autre de chercher à se couvrir d'une précaution aussi infructueuse. Toutes nos Ordonnances sur le faux laissent à la discrétion du Juge la liberté de décerner tels décrets qu'il avisera, même avant les informations. Cette exception à la regle générale est fondée sur une raison relative à ce genre de crime. C'est un des plus graves & des plus dangereux ; mais c'est aussi un des plus difficiles à découvrir, sur-tout lorsqu'il a pour objet un faux sur écriture privée. Souvent le corps du délit n'est point constaté lors de la plainte, & ne peut l'être que par la détention imprévue de celui qui est porteur de la piece arguée de faux. Si la Justice ne se hâtoit point d'arrêter le coupable, le corps du délit échapperoit souvent avec lui aux regards de la Justice. Telles sont les raisons qui, avec plusieurs autres, ont déterminé nos Loix à laisser dans cette matiere une liberté plus étendue.

C'est donc en pure perte que les Accusés incidentent sur une clause, qui ne peut avoir eu aucun principe suspect. Avant de se plaindre des décrets, ils devroient se justifier, & répondre aux preuves qui en démontrent aujourd'hui la nécessité & la justice.

n'étoient point encore négociés ; mais tout avoit été détourné avant la premiere capture.

La ſerviette pleine de lettres, que Madame de Saint-Vincent avoit, dit-elle, confiée à l'Abbé de Villeneuve, ne s'eſt pas même trouvée chez lui.

Le ménagement que le ſieur de Vedel avoit éprouvé ne lui avoit pas inſpiré plus de confiance. Ce n'eſt pas cependant chez lui que ſe ſont trouvées les pieces de ſa correſpondance avec Madame de Saint-Vincent. Il les avoit dépoſées chez cette femme Leroy, dont la fonction, comme Courtiere, ſembloit devoir ſe borner aux négociations des billets ; & l'on n'imaginoit pas que les ſoupçons de la Juſtice s'étendroient juſqu'à elle.

On a trouvé ſous les ſcellés appoſés chez cette femme, 1°. les lettres originales de Madame de Saint-Vincent, dont on a déjà fait connoître en partie l'objet : 2°. la copie d'une prétendue lettre de M. de Richelieu à Madame de Saint-Vincent.

Mais il manquoit à ce recueil précieux un ſupplément : le haſard l'a remis ſous la main de la Juſtice. La femme Leroy, lors des ſcellés appoſés dans la chambre où elle avoit été arrêtée, avoit diſſimulé qu'elle en tenoit encore dans la même maiſon une ſeconde qu'elle louoit comme chambre-garnie, & dans laquelle elle avoit une armoire qui n'étoit deſtinée qu'à ſon uſage. Celui qui occupoit cette chambre fut déterminé, par l'enlévement de la femme Leroy, à quitter un ſéjour ſuſpect ; mais il crut en même tems devoir prendre la précaution de faire apposer les scellés dans un appartement dont il ne pouvoit remettre les clefs à personne, & notamment sur une armoire dont il ignoroit le contenu. Ces scellés répandirent une alarme qui ne pouvoit que rendre plus suspect le dépôt dissimulé. La femme Leroy fit les plus vives sollicitations auprès du Valet-de-chambre que le Locataire avoit laissé dans l'appartement, pour l'engager à retirer, au travers des fentes de l'armoire, des papiers qui y étoient contenus. Un neveu du sieur de Vedel avoit été sollicité de briser les scellés. Il ne pouvoit s'y déterminer, & dans les transports de son agitation, il s'écrioit : *Il faut que je sois perdu, ou mon oncle.* Le fait des scellés, les inquiétudes & les tentatives des accusés parvinrent aux oreilles de M. de Richelieu & de la Justice. Il fut permis à M. de Richelieu de faire informer de ces faits, & de faire lever les scellés apposés par le Commissaire Graville, en présence de toutes les Parties intéressées ; & ce fut dans cette armoire précieuse que se trouverent, 1°. le surplus des lettres de Madame de Saint-Vincent au Major : 2°. des projets de la main du Major, destinés à servir de canevas à des lettres de Madame de Saint-Vincent pour M. de Richelieu, 3°. un paquet cacheté, intitulé *Brouillon*, & qui contenoit des copies ou projets, les uns de la main de Madame de Saint-Vincent, les autres de celle du Major, de prétendues lettres de M. de Richelieu: 4°. une copie de la main de Madame de Saint-Vincent, d'une prétendue lettre à elle adressée par le sieur Peixotto, avec la lettre d'envoi de cette copie

au

au Major : 5°. enfin une liasse de fragmens découpés de lettres, tant vraies que fausses, de M. de Richelieu.

CEPENDANT les prétendus billets au porteur, qui forment le corps du délit, n'avoient point encore été déposés au Greffe. Un seul s'étoit trouvé sur Benavent, lors de sa premiere capture. Deux autres furent représentés par l'Abbé de Villeneuve, lors de son interrogatoire; mais les négociations prouvées en annonçoient beaucoup d'autres.

Un événement avoit mis M. de Richelieu en état d'en ajouter quatre. Rubit & le sieur Préville, postérieurement à l'éclat de l'affaire & même à la plainte de M. de Richelieu, l'avoient fait assigner au civil en reconnoissance des billets qui leur avoient été négociés. M. de Richelieu a profité de cette imprudence pour arrêter, par une opposition, ces billets, dont il avoit demandé la communication par la voie du Greffe. Le dépôt en avoit été fait les 13 & 20 Août au Greffe Civil, & ils ont été transportés depuis au Greffe Criminel, conformément à l'Ordonnance du faux.

Enfin Madame de Saint-Vincent s'est déterminée, le 30 Août, à faire représenter, par son Procureur, les cinq derniers qui complettent, suivant elle, la totalité des bienfaits de M. de Richelieu. Il n'est pas indifférent d'observer que le Procureur qui a fait ce dépôt, a dit les tenir *du sieur Abbé de Villeneuve*. Pourquoi donc celui-ci n'en avoit-il représenté que deux, lors de son interrogatoire ? Pourquoi a-t-il fallu le mettre au secret pour le contraindre à rapporter ces derniers ?

MADAME de Saint-Vincent répandoit, par ses Emissaires, qu'elle avoit en sa possession des lettres émanées de M. de Richelieu, qui, en prouvant la sincérité des billets, devoient un jour le confondre. Elle avoit eu l'impudence de remettre à M. de Sartine, lorsqu'il exerçoit encore les fonctions de Lieutenant-Général de Police, un recueil de copies de ces prétendues lettres qu'elle avoit voulu employer pour sa justification. Ce recueil, qui avoit été remis à M. de Richelieu, lui avoit fait connoître la valeur des originaux. Il avoit, par une seconde plainte explicative de la premiere, formé une seconde inscription de faux principal, contre les lettres que l'on supposoit émanées de lui, & capables de prouver la vérité des billets ; & il avoit fait ordonner que tous les Dépositaires de ces lettres seroient tenus de les apporter.

Cependant ces prétendues lettres fuyoient toujours les regards de la Justice. L'Abbé de Villeneuve, qui en avoit été le premier dépositaire, renvoyoit tantôt à l'un, tantôt à l'autre, & personne n'osoit avouer ce dépôt précieux. Il falloit, sans doute, faire un triage dans les véritables lettres, & il pouvoit y avoir un choix plus important à faire dans les fausses. Le fruit de ces délibérations a été de faire faire le 2 Septembre, par le Procureur de Madame de Saint-Vincent, le dépôt de trente-sept lettres, ou fragmens de lettres ; mais on a eu la prudence de ne point joindre à ce dépôt quelques-unes de celles qui formoient le recueil confié à M. de Sartine. On en sera moins étonné lorsque l'on saura que l'une de ces lettres étoit *datée à Fontainebleau du 13 Novembre 1773* : c'est-à-dire de ce jour où Madame de Saint-Vincent prétend avoir envoyé à M. de Richelieu le paquet qui contenoit le billet au porteur, & cinq billets de 60000 livres, pour les signer.

On a parlé plus haut de l'incident de la prétendue lettre que l'on avoit attribuée à M. de Richelieu, & qui contenoit, de sa part, la reconnoissance d'un enfant. On se rappelle les efforts impuissans qui ont été faits pour forcer la représentation de ce titre odieux *. La gravité de ce nouveau délit a déterminé M. de Richelieu à en faire l'objet d'une plainte directe.

* Voy. ci-dessus, pages 14 & suivantes.

Des nouvelles découvertes ont produit une quatrieme plainte qui demande une explication particuliere.

Madame de Saint-Vincent s'étoit liée, pendant son séjour à Milhaud, avec un nommé Canron, jeune homme dont elle atteste elle-même, dans ses interrogatoires, la mauvaise conduite. Cependant elle s'étoit vivement intéressée pour lui, & étoit parvenue, par ses sollicitations, à le faire accepter par M. de Richelieu pour sous-Secrétaire.

Canron n'est resté dans cette place que pendant environ deux années. Mais on voit, par la correspondance de Madame de Saint-Vincent avec le Major, qu'elle a toujours continué ses relations avec Canron, & ces lettres présentent ce Particulier comme ayant des rapports très-intimes avec l'intrigue particuliere des faux billets.

Une premiere (1) l'indique comme donnant le conseil à Madame de Saint-Vincent de ne point parler de ses dettes, *de tout applanir jusqu'à ce qu'elle fût arrivée;* comme lui annonçant *qu'alors elle ne manqueroit point d'argent;* enfin comme son prétendu *tenant chez le sieur Peixotto.*

Une autre le présente comme chargé de *faire avoir l'argent dont le sieur Vedel se trouvoit avoir besoin*, & par l'effet *de prétendus billets de M. de Richelieu* (2).

On le voit tirer des lettres-de-change sur Madame de Saint-Vincent (3).

M. de Richelieu venoit d'apprendre que ce même homme avoit avoué à plusieurs personnes *que Madame de Saint-Vincent lui avoit proposé des choses qui ne pouvoient que le conduire à la corde.*

Il doit être prouvé au procès, que Madame de Saint-Vincent avoit entretenu avec lui une correspondance mystérieuse, par des lettres qui venoient à l'Hôtel même de M. de Richelieu sous trois enveloppes, dont l'une étoit pour M. le Maréchal, une seconde pour l'un de ses sous Secrétaires, & une troisieme pour Canron.

Ces faits jettoient sur ce particulier les plus grands

(1) Scellé apposé chez la femme Leroy par le Commissaire Chesnon, 2e liasse, piece 1.

(2) *Ibidem*, piece 2.

(3) Scellé apposé chez Madame de Saint-Vincent.

ſoupçons de complicité ; mais une lettre de Madame de Saint-Vincent ſembloit même l'indiquer, comme celui dont elle avoit emprunté la main pour la conſommation du crime. Voici ce qu'on lit en effet dans un des billets de Madame de Saint-Vincent au Major. « Tenez, je vous envoie *du caractere de cet homme*, » vous verrez qu'il parle du Maréchal, & que je le » charge de toutes nos affaires à Paris..... *Confrontez* » *les caracteres*, & voyez que cet homme eſt un » homme à M. le Maréchal, en qui j'ai la plus » grande confiance, & qui a ſoin de toutes mes af- » faires, & qui les fait toutes. *Je vous envoie aſſez* » *pour confronter les caracteres. Il eſt inutile, pour ce* » *que je veux prouver, que j'envoie une lettre entiere,* » *je vous envoie deux lignes de la lettre du Marechal* » *de ce Courier, vous verrez les lettres dans le tems* (1).

Tous ces faits ont déterminé une derniere plainte, & un decret de priſe de corps contre ce particulier. Sa conduite aggravoit encore les premiers indices. Dès l'inſtant où l'affaire avoit fait un premier éclat, il étoit allé ſe cacher au fond du *Rouergue*, dans le ſein de ſa famille. Le decret le trouva ſorti de cette retraite & paſſé en Suiſſe où il a été arrêté.

Tandis qu'on étoit à ſa pourſuite, de nouvelles lumieres ont appris que Madame de Saint-Vincent poſſédoit des talens & une expérience qui avoient pu la diſpenſer d'emprunter une main étrangere. Mais il n'en étoit pas moins intéreſſant de s'aſſurer d'un

---

(1) Scellé appoſé chez la femme Leroy par le Commiſſaire Cheſnon, deuxieme liaſſe, piece 4.

homme qui avoit certainement des connoiſſances très-particulieres de cette intrigue, & dont la confeſſion pouvoit procurer des éclairciſſemens importans. La crainte ou la complaiſance l'ont retenu juſqu'ici. Il lui eſt échappé cependant un aveu qui, tout imparfait qu'il eſt, ne laiſſe pas que d'ajouter un trait bien propre à finir le portrait de Madame de Saint-Vincent. Preſſé d'expliquer quelle étoit cette propoſition, qu'il prétendoit avoir rejettée avec tant d'horreur, il a d'abord voulu nier le fait, & les propos qu'il avoit tenus à ce ſujet *; il a voulu enſuite détourner le ſens de ces propos, en faiſant entendre qu'après s'être brouillé avec Madame de Saint-Vincent, il avoit pu tenir contr'elle des *diſcours un peu outrés, qui ne devoient pas être pris à la rigueur* *. Mais, preſſé davantage ſur l'époque & la nature de ſes propos, qui ne pouvoient jamais ſe prêter à une interprétation de ce genre, il eſt enfin convenu, « que » quelque tems avant ſa brouillerie Madame de Saint-» Vincent lui avoit propoſé *de mettre un nom ſur une* » *lettre qu'elle avoit à la main.* * » Mais il eſt facile de pénétrer la mauvaiſe foi de cette demi-confidence, lorſque l'on conſidére, 1°. les détours & les dénégations qui l'ont précédée. 2°. Qu'il n'a jamais voulu déclarer quelle étoit la ſignature que Madame de Saint-Vincent lui avoit propoſé de faire. Peut-être un jour le remords lui arrachera-t-il un aveu plus ſincere.

* 2e. interrog. art. 4.

* *Ibid.*

* *Ibid.* art. 9.

TELS ſont les principaux incidens d'une procédure,

dont un plus long détail ne présenteroit rien que d'indifférent. Il suffit d'observer qu'elle est aujourd'hui portée presque à sa fin ; toutes les informations sont faites, les Experts ont donné leurs dépositions sur les pieces de comparaison, & sur un corps d'écriture que la Justice a cru devoir exiger de M. de Richelieu ; tous les témoins entendus à Paris, ou qui s'y sont trouvés sont récolés, & il y a même déjà plusieurs confrontations de faites.

Il est étonnant que Madame de Saint-Vincent ait osé, dans un libelle rendu public, reprocher à M. de Richelieu d'affecter des lenteurs pour prolonger sa captivité. On conçoit aisément le tems qu'a du consommer une procédure immense contre neuf Accusés, des informations où plus de 70 témoins ont été entendus à Paris, à Montauban, à Poitiers, à Milhaud, une multitude d'interrogatoires, que les circonstances & les détours des Accusés ont encore rendus plus volumineux, le dépôt de toutes les pieces arguées de faux, qu'il a fallu arracher des mains qui en étoient dépositaires, une vérification de trente-trois pieces attaquées par l'inscription de faux : cependant toutes ces opérations ont été faites en moins de trois mois & demi. Les témoins étoient presque tous récolés, & les confrontations commencées dès le mois de Novembre. L'instruction seroit totalement achevée, & le Jugement définitif vraisemblablement rendu dans le premier Tribunal, si les artifices de Madame de Saint-Vincent n'avoient arrêté une activité, dont, par une inconséquence inconcevable, elle a fait même un reproche à son Juge. Des maladies supposées ont suspendu les confrontations, par les formalités qu'il a fallu remplir, pour prouver la fausseté de l'excuse. Quatre recusations, que l'on a affecté de ne proposer que successivement quoique fondées sur le même prétexte, & qu'il a fallu juger les unes après les autres, ont emporté de nouveaux délais. Tels sont les artifices par lesquels Madame de Saint Vincent a retardé l'instruction jusqu'à cette époque connue qui a totalement suspendu la procédure.

Mais ne faisons point à Madame de Saint-Vincent un reproche de ces petites ressources. Les faits dont on a rendu compte, ne prouvent que trop l'intérêt qu'elle peut avoir à éloigner le Jugement. Il ne s'agit plus que de réunir les conséquences qui en résultent, & d'y ajouter quelques reflexions & quelques preuves, qui n'ont pas pu entrer dans la déduction des faits, ou qui sortent de l'inspection des pieces qui sont arguées de faux. Cette seconde Partie achevera de porter jusqu'à l'évidence la réalité du délit dont M. de Richelieu poursuit la punition.

MOYENS.

L'Ordonnance du faux admet deux sortes de preuves pour la conviction des coupables.

La premiere, commune à tous les délits, résulte de l'interrogatoire de l'accusé, des titres, c'est-à-dire, des papiers ou écrits de l'accusé, & des dépositions des témoins.

La

La ſeconde, que la nature particuliere du crime de faux a fait admettre, & qui lui eſt propre, conſiſte dans la vérification des écritures, par la dépoſition des Experts ſur pieces de comparaiſon.

M. de Richelieu n'a aucun intérêt d'examiner la queſtion de ſavoir quel eſt le degré de foi que peut mériter le ſecond genre de preuves qui eſt textuellement admis par l'Ordonnance : s'il eſt ſuffiſant en lui-même, ou s'il eſt abſolument néceſſaire qu'il ſoit ſoutenu par des preuves de la premiere eſpece.

Le texte de l'Ordonnance autoriſeroit à ſoutenir que la dépoſition des Experts peut ſuffire pour prouver un faux. L'Ordonnance admet, mais n'exige point le concours de toutes les preuves qu'elle indique. Après avoir dit qu'il ſera informé des faits *tant par titres que par témoins, comme auſſi par Experts, enſemble par comparaiſon d'écritures ou ſignatures;* elle ajoute : *Le tout ſelon que le cas le requerra; & lorſque le Juge n'aura point ordonné en même tems ces différens genres de preuves, il pourra y être ſuppléé,* S'IL Y ÉCHET, *par une Ordonnance ou Jugement poſtérieur* *. En laiſſant au Juge la liberté de cumuler, ou de ne point cumuler, tous les genres de preuves dont elle fait mention, l'Ordonnance annonce clairement que leur concours n'eſt point abſolument néceſſaire.

* Titre I du faux principal, art. 5.

Il n'eſt d'ailleurs perſonne qui ne ſente que cette réunion eſt ſouvent impoſſible. De tous les délits le plus dangereux, parce qu'il eſt le plus difficile à prouver par les voies ordinaires, eſt celui du faux, ſurtout lorſqu'il a pour objet la contrefaction d'une écriture privée. Des moyens, malheureusement trop connus, en rendent l'exécution facile ; l'obscurité, dans laquelle peut s'envelopper la main qui opere en secret, ne laisse guere de ressource à la preuve testimoniale. Plus le crime est caché, plus le coupable le nie avec audace, & plus il est difficile, par conséquent, de le convaincre par ses réponses.

Aussi trouve-t-on dans les annales de la Justice plusieurs exemples de faussaires condamnés sur la seule autorité de la preuve par Experts & comparaison d'écritures. Le Juge, qui ne doit rien négliger pour instruire sa religion, rassemble, autant que cela est possible, tous les genres de preuves. Mais la qualité particuliere du crime de faux le force souvent de se réduire au témoignage des Experts.

Vainement opposeroit-on au texte précis de l'Ordonnance les lieux communs tant rebattus de l'incertitude de la preuve par comparaison d'écritures. Le Législateur connoissoit toutes ces objections ; il savoit que, si la décision des Experts porte quelquefois sur des conjectures moins décisives, les connoissances particulieres de leur art peuvent conduire à des découvertes importantes, & qui échapperoient à d'autres yeux; c'est après avoir balancé toutes les considérations, qu'il a autorisé expressément la preuve qui résulte de la comparaison d'écritures, par deux Loix qui permettent le concours de diverses preuves ; mais qui n'en exigent point la réunion.

Au fond, toutes ces dissertations métaphysiques, auxquelles se sont livrés quelques Auteurs, sont plus propres à intéresser la curiosité, qu'à déterminer la décision de la Justice. La question de savoir quelle est l'autorité du suffrage des Experts, est plus de fait que de Droit.

Lorsque les Experts ne seront point parfaitement d'accord, lorsque leurs dépositions, quoique conformes, ne seront point affirmatives, lorsque les motifs & les preuves qu'ils donneront de leur avis ne s'accorderont point, ou ne présenteront que des conjectures plus ou moins pressantes, le Juge desirera sans doute que le témoignage des Experts soit confirmé par quelques-unes des autres preuves que la Loi admet. Ce second genre de preuves pourra encore devenir nécessaire si le premier n'établit que le faux matériel, sans indiquer la main qui l'a commis.

Mais quand la déposition des Experts sera unanime, quand elle se trouvera fondée sur des preuves si évidentes qu'elles porteront la conviction avec elles, quand le faux matériel se trouvera démontré par des preuves qui frapperont à leur seule inspection; ce seroit une dérision que de prétendre que le Juge ne pourra point y asseoir son jugement, & d'imaginer qu'il ne lui sera point permis de punir un crime évident, à moins qu'il n'en trouve encore la preuve dans l'interrogatoire d'un accusé aussi adroit qu'intrépide, dans des écrits émanés de lui, que l'imprudence administre rarement, ou dans une preuve testimoniale moralement impossible en matiere de faux sur écriture privée.

Mais, on le répete, M. de Richelieu n'a aucun interêt de discuter une question trop étrangere à la position où il se trouve. Le faux qu'il dénonce est physiquement & évidemment démontré par la seule inspection des pieces. Les interrogatoires de Madame de Saint-Vincent, des pieces émanées d'elle-même, & qu'elle reconnoît, les faits qui doivent être constatés par les informations, ajoutent à la preuve physique une preuve morale, qui porte jusqu'à l'évidence la démonstration du délit, & qui en indique en même tems l'auteur.

PREMIER GENRE DE PREUVES.

LA Justice peut & doit seule avoir la connoissance de ce que contiennent les dépositions qui ont été faites par les Experts nommés d'office. Mais le faux, sur lequel ils ont dû s'expliquer, est si frappant, que les yeux les moins pénétrans & les moins expérimentés le peuvent saisir.

L'inscription de faux ne portoit, dans le principe, que sur les prétendus billets au porteur, souscrits par M. de Richelieu, dont les négociations avoient prouvé l'existence, mais dont on ignoroit le nombre jusqu'au dépôt.

La défense de Madame de Saint-Vincent a conduit à une seconde inscription de faux contre des pieces d'un autre genre. Elle a prétendu justifier la vérité de ses titres par des lettres de M. de Richelieu. Elle en a déposé trente-sept; l'Abbé de Villeneuve en a joint deux lors de ses interrogatoires, & le sieur Bennavent une autre. Plusieurs de ces lettres n'ont point mérité l'attention particuliere de M. de Richelieu, parce qu'elles ſont abſolument étrangeres à la queſtion. Mais il en a argué de faux vingt-deux, & il n'y en a même dans ce nombre que neuf qui aient quelque relation à l'affaire des billets.

Enfin la lettre, que Me Lafitte a préſentée à pluſieurs perſonnes, a formé l'objet d'une troiſieme inſcription de faux.

I.

Fauſſeté des billets.

D'ABORD, quant aux billets, une ſeule obſervation en démontre juſqu'à l'évidence la contrefaction.

Les billets dépoſés préſentent douze prétendues ſignatures de M. de Richelieu, appoſées au bas d'autant de billets, dont le ſurplus eſt reconnu pour n'être point de ſa main.

De ces douze ſignatures il y en a huit qui ſont tellement conformes dans la largeur, hauteur & diſtance des lettres, que ces huit ſignatures paſſées l'une ſur l'autre, & examinées à l'aide de la tranſparence du papier, ſe calquent & s'indentifient entiérement. Les mots qui compoſent les ſignatures, & chacune des lettres qui compoſent les mots, ſe couvrent exactement, ſans qu'il ſoit poſſible d'obſerver la moindre différence dans les dimenſions, la forme, les traits, & même la diſtance des lettres entr'elles.

Le Défenſeur de M. de Richelieu a fait lui-même une ſeconde épreuve. Si l'on prend au compas la longueur exacte d'une de ces ſignatures, en poſant l'une des pointes du compas ſur le jambage de l'*l* qui commence la ſignature *le M$\overline{al}$ Duc de Richelieu*, & l'autre pointe ſur le dernier jambage de la lettre *u* qui la termine, & portant enſuite le même compas ſur les ſept autres ſignatures, on retrouve toujours la même longueur. Renouvellant enſuite la même expérience ſur les trois parties de la ſignature qui ſéparent plus ſenſiblement les mots, en cette forme *le Mal Duc de Richelieu*, on retrouvera toujours dans les huit ſignatures la même dimenſion géométrique ſur ces trois parties.

Il ſeroit abſurde d'attribuer au haſard une reſſemblance auſſi géométriquement parfaite. Qu'on prenne l'Expert le plus inſtruit dans l'art de l'Ecriture, dont la main ſera la plus ſûre & la plus adroite, il ne parviendroit point avec la plus grande attention, à faire deux, &, à plus forte raiſon, huit ſignatures de ſon propre nom, d'une telle reſſemblance dans leurs proportions, qu'elles ſe confondent & s'identifient dans tous leurs points avec cette préciſion géométrique.

Il n'y a qu'un ſeul moyen qui puiſſe produire une auſſi entiere reſſemblance. Il faut que les huit ſignatures aient été contre-tirées à la vitre, par la même main, ſur une ſeule ſignature priſe pour modele. En ſuivant à la tranſparence de la vitre les traits de la ſignature originale, il eſt aiſé d'en former une fauſſe qui lui ſera parfaitement reſſemblante, & qui en aura néceſſairement les mêmes dimenſions; le faux ſera difficile à prouver, ſi le modele ſupprimé ne peut plus être comparé avec la copie. Mais l'adreſſe même du fauſſaire le trahit, s'il a l'imprudence de réitérer ſon crime ſur le même modele. Plus l'habitude & l'expérience donneront de préciſion à ſon imitation, plus ſon crime ſera facile à découvrir, parce qu'il eſt phyſiquement impoſſible que huit ſignatures de la même perſonne ſe reſſemblent entiérement dans la hauteur & largeur des lettres, & dans leur diſtance entr'elles. Ce qui eſt phyſiquement impoſſible pour la ſignature même de l'homme le plus expert, & qui s'efforceroit d'y parvenir, l'eſt, à bien plus forte raiſon, pour la ſignature d'un homme du monde qui peut écrire avec facilité, mais ſans art, & qui ſigne avec négligence.

La même obſervation qui démontre le faux des huit billets, le démontre pour les quatre autres. Celles-ci ont entr'elles le même rapport parfait de ſimilitude & de proportion qui exiſte entre les autres. Ce qui prouve juſqu'à l'évidence que les douze ont été à la vérité tirées ſur deux modeles différens, mais que huit ont été contre-tirées à la vitre ſur un modele, & quatre ſur un autre.

La différence qui ſe trouve entre les dimenſions de ces quatre ſignatures, & celles des huit premieres, donne un nouveau degré de force à la preuve que M. de Richelieu préſente à la Juſtice. Il en réſulte qu'il y a de la variété dans les ſignatures de M. de Richelieu, comme dans celles de toutes perſonnes. Cependant l'on trouve ici huit ſignatures d'une part, & quatre de l'autre, qui n'ont pas la plus légere diſſemblance. L'explication d'un pareil phénomene ſe préſente d'elle-même. Ce ne peut être que l'identité du modele sur lequel les fausses signatures ont été contre-tirées à la vitre, qui a produit l'identité grossiérement mal-adroite de huit signatures, & de quatre autres entr'elles.

Les connoissances plus profondes, que les regles de l'art & l'expérience doivent donner à des Experts, les auront sans doute mis dans le cas de faire beaucoup d'autres observations qui, quoique moins à la portée de tout le monde, n'en seront pas moins importantes aux yeux de la Justice. M. de Richelieu ne peut que s'en rapporter à leur intégrité & à leurs lumieres. C'est à eux seuls qu'il appartient de distinguer & d'indiquer les différences qui peuvent se rencontrer entre un caractere naturel & l'imitation forcée & craintive d'un faussaire : celles que la maniere de tenir la plume, contractée par l'habitude, peut mettre entre une écriture & une autre ; celles enfin que peut produire la position de la plume dans une contrefaction à la vitre. M. de Richelieu ne doute pas que tous ces points de vue n'aient fourni aux Experts beaucoup d'autres remarques bien décisives. Mais, il le dit avec confiance, celle qui résulte de la seule identité des signatures, porte la preuve du faux à un si haut degré d'évidence, qu'elle suffit pour convaincre les esprits les plus difficiles.

I I.

Fausseté des lettres.

La fausseté des billets annonce d'avance celle des lettres, queQadame de Saint-Vincent invoque pour se en soutenir la vérité. La même main, qui s'est formée les premiers titres, a pu & dû se fabriquer les seconds. Soit que les prétendues lettres de M. de Richelieu aient été fabriquées dans le même objet que celles qui avoient été faussement attribuées au Sr Peixotto, & qu'elles n'aient été destinées, dans le principe, qu'à tromper le sieur de Vedel; soit qu'elles aient été depuis concertées avec lui, il sera toujours évident que Madame de Saint-Vincent, occupée dès Poitiers, & peut-être dès Milhaud, du projet qu'elle n'a fait éclorre qu'à Paris, & qu'elle n'y a exécuté que par une foule d'opérations successives, a eu tout le tems de se forger ces nouveaux titres. Il est au contraire impossible que M. de Richelieu ait rien écrit de relatif à des billets qu'il n'a jamais faits, ni eu intention de faire. La seule fausseté du titre prouveroit donc la fausseté des prétendues pieces justificatives. C'est ici une présomption *juris & de jure*, qui équipole, en Justice, à une preuve complette.

MAIS M. de Richelieu n'est point réduit à de simples présomptions. La preuve physique du faux est aussi évidente pour les lettres que pour les billets; &, ce qui paroitra peut-être incroyable, cette preuve est du même genre que celle qui s'applique aux signatures.

Au nombre des lettres que Madame de Saint-Vincent a fait déposer elle-même, & qui ont été prises pour pieces de comparaison de celles qui sont arguées de faux, se trouve celle qui suit:

N

« Je ne feré jamais étonné d'une étourderie de votre » part ma très - chere coufine. Mais vous ête » cependant faite pour être bien aimée. Il me femble » que l'intérêt que vous ne devez pas douter que je » prends à ce qui vous regarde mériteroit un peu que » vous m'en difiez quelque chofe. Mais je n'en fuis » pas à cela près avec vous. Et pourvu que vous foyez » heureufe je feré content.

Ce lun. . . . . .

Il eft évident que cette lettre n'a aucun rapport direct ni indirect avec l'hiftoire des billets & des mandats; elle n'a trait qu'aux foins que M. de Richelieu prenoit pour adoucir les rigueurs de la premiere détention de Madame de Saint-Vincent.

Mais il fe trouve au nombre des pieces arguées de faux, une feconde lettre conçue dans les mêmes termes, & entiérement femblable à la précédente, à trois différences près : 1°. Au lieu de ces mots *d'une étourderie,* qui fe lifent à la premiere ligne, on a fubftitué ceux-ci *que vous me dites :* 2°. Au-lieu de ces mots qui compofent la fixieme ligne, & la moitié de la feptieme (*vous m'en difiez quelque chofe. Mais je n'en fuis pas à cela près avec vous*), on lit ceux-ci (*vous me croyez. J'enverrai votre mandat fi je ne vas à Paris ces jours-cy*). 3°. Après ces mots qui achevent la feptieme ligne, & qui ne donnent à la huitieme qu'une moitié de ligne, à laquelle la lettre fe termine, (*Et pourvu que vous foyez heureufe je ferai con-*

tent), on lit ceux-ci (*mais vous prendrez le tiers pour vous guider*), qui achevent la huitieme ligne, & en commencent une neuvieme & derniere.

Cette lettre eſt au ſurplus terminée comme l'autre, par cette date : *Ce lun.* . . . .

Ce n'eſt pas aſſez de dire que ces deux lettres ſe reſſemblent dans le contexte, à la ſeule différence de la ligne & demie qui a été changée, & des deux demi-lignes qui ont été ajoutées à la ſeconde ; il faut obſerver de plus que ces deux lettres ſe reſſemblent encore dans la forme : 1°. elles contiennent le même nombre de lignes, à l'exception de la neuvieme qui eſt ajoutée à la ſeconde : 2°. les lignes, qui n'ont point été ſubſtituées ou ajoutées dans l'une, contiennent le même nombre de ſyllabes commençant & finiſſant par les mêmes mots : 3°. les dates ſont ainſi figurées ſur toutes deux, *Ce lun.* . . . Et miſes ſur le papier à la même place *.

* Voyez aux Pieces juſtificatives N. II, ces deux lettres figurées.

Voilà l'un de ces titres importans par leſquels on prétend rejetter ſur M. de Richelieu le crime de fauſſeté qu'il impute à Madame de Saint-Vincent.

Mais certainement Madame de Saint-Vincent n'y a pas réfléchi lorſqu'elle a eu l'imprudence de faire dépoſer ces deux lettres. Une pareille démarche ne juſtifie que trop les reproches que ſes fideles amis lui ont faits de *gâter ſes affaires lorſqu'elle s'en mêle elle-même.* Si elle les avoit conſultés en cette occaſion, ils lui auroient obſervé que M. de Richelieu tourneroit contr'elle les armes avec leſquelles elle prétendoit l'attaquer.

Une premiere réflexion fort simple suffiroit pour démontrer la contrefaction de la seconde de ces lettres. Il seroit bien singulier qu'il fût sorti de la plume de M. de Richelieu deux lettres absolument semblables dans leur contexte, à quelques mots près, & que les seuls mots différens fussent positivement ceux dont Madame de S.Vincent se sert pour en détourner le sens & l'objet (1). Il seroit bien singulier que ces lettres, si semblables dans leur contexte général, fussent encore mesurées, à une petite addition près, par le même nombre de lignes, & les lignes par le même nombre de mots; & que toutes deux se trouvassent indiquer une même date, sinon de mois & d'année, au moins de jour. Le hasard ne produit point des rapports aussi singuliers & aussi révoltans; & le seul bon sens annonce que l'une n'est qu'une

(1) Le changement qui a été fait à la premiere ligne, n'a eu pour objet que déviter l'inconvénient de l'opposition frappante qu'auroit formé le reproche d'étourderie avec la confiance que suppose l'envoi du mandat. Mais le changement même prouve la gêne où s'est trouvé l'Auteur de la contrefaction. La phrase qu'il a été obligé de former pour s'accorder avec la mesure des lignes, est d'un style ridicule. *Je ne serai jamais étonné que vous me dites de votre part. . . .* Le même embarras a produit à la sixieme ligne une autre faute. On y a oublié le mot *suis*, qui auroit été nécessaire pour le sens. Mais les mots substitués remplissoient la ligne, & l'on vouloit à la suivante retomber sur le mot *pas*, qui la commence. Voyez aux Pieces justificatives les lettres figurées.

contrefaction de l'autre, & que le faussaire n'y a changé ou ajouté que les mots qui pouvoient être nécessaires ou utiles à son objet.

Mais il y a plus : & c'est ce qui va convaincre les esprits les plus incrédules. Si l'on applique avec justesse la seconde lettre sur la premiere, on trouve que les mots & les lignes pareilles dans les deux lettres se couvrent entiérement ; que les lignes, les mots & les lettres ont la même hauteur, la même largeur & la même longueur; ce qui seroit de toute impossibilité, si les deux lettres étoient de la même main, encore que l'intention eût été de recopier la premiere. Les seules différences qui existent consistent : 1°. dans les mots & les lignes substitués & ajoutés, qui ne peuvent point trouver dans l'autre leur type de comparaison : 2°. en ce que dans la lettre fausse on trouve une ligne ou deux dont les intervalles ne sont point égaux à ceux qui séparent les mêmes lignes dans la lettre originale. Cette irrégularité provient évidemment de ce que le faussaire, n'ayant pas pu fixer sur la vitre le papier où il écrivoit, & ayant peut-être fait son opération à plusieurs reprises, n'a cherché qu'à reprendre, comme il pouvoit, les lignes qu'il vouloit copier. Mais si, lors de la vérification, l'on fait un peu vaciller le papier pour retrouver les lignes de l'original, on les voit ensuite s'identifier avec celles de la copie, lorsque le papier a repris la même position qu'on lui a donnée au moment de l'opération; & alors les lignes, les mots & les lettres s'identifient entiérement.

Enfin, à la ſeule inſpection, l'on demeure convaincu que l'original & la copie ne ſont point de la même main ; l'écriture de la copie eſt beaucoup plus maigre que celle de l'original & plus tremblante. Le fauſſaire a dû ſe ſervir d'une plume plus affilée pour qu'elle pût lui laiſſer appercevoir & ſuivre tous les traits qu'il copioit, & la contrainte d'une pareille opération a dû rendre néceſſairement les traits moins fermes & moins hardis.

La preuve du faux des autres lettres n'eſt guere moins frappante que celles qui viennent d'être préſentées ſur la premiere.

Parmi ces lettres, il en eſt un grand nombre dont la vérité ou la fauſſeté ſeroit très-indifférente à l'affaire, parce qu'elles n'ont aucune relation directe ou indirecte avec les billets argués de faux. Des vingt-deux lettres que M. de Richelieu a méconnues, pour le ſeul intérêt de la vérité, il n'y en a que neuf qui parlent *d'argent*, de *billets*, ou de *mandats*.

On fera voir dans la ſuite que la fauſſeté de ces lettres ſe trahit par leur propre contexte. Mais on ſe borne en ce moment aux preuves phyſiques.

On a déja obſervé que pluſieurs perſonnes, à Poitiers, ont connu les moyens que Madame de Saint-Vincent employoit pour contrefaire les lettres de M. de Richelieu. Son procédé étoit de prendre, dans les lettres véritables qu'elle avoit reçues, des phraſes entieres quand elles pouvoient s'appliquer à ſon objet. De chercher enſuite dans ces mêmes lettres les demi-phraſes, & les mots épars dont elle avoit beſoin pour former le total de ſa lettre. En appliquant le papier où elle écrivoit ſur celui qui lui ſervoit de baſe, elle contre-tiroit, à la faveur de la tranſparence des papiers poſés ſur une vitre, les phraſes & les mots qu'elle ſe propoſoit d'employer.

On vient de voir un exemple de ce procédé ſur une lettre entiere, où elle n'a changé que quelques mots; en voici un ſecond ſur le contre-tirement de mots fugitifs pris çà & là dans des lettres véritables.

Au nombre des lettres arguées de faux, ſe trouve celle qui ſuit: « *Je ne ſeré* point *encore* chez vous » lundi, *ma très chere* bonne *couſine*, mais ce ſera » dans la ſemaine ma fille eſt très-malade. Je vous » écriré mardy, & pourvu que j'ai un moment j'i- » rai chez vous, ou bien vous viendré chez moi » avec votre tiers à 8 heures. *Mais je n'en ſuis pas* » ſeur & j'aime mieux aller chez *vous*. Soyez ſur » que je ne partirai pas ſans avoir remis le mandat ».

Dans cette lettre les mots *je ne ſeré* ... *encore* ... *ma très chere couſine* ... *votre* ... *vous* ... *Mais je n'en ſuis* ... *pas*, ſont tous contre-tirés ſur les mêmes mots qui ſe trouvent dans la lettre véritable qu'on a déja tranſcrite, & ſur laquelle a été formée la premiere des lettres fauſſes qu'on a ci-deſſus diſcutée. Il eſt facile de ſe convaincre du contre-tirement de ces mots, en appliquant ceux que l'on vient de citer ſur les mots pareils qui ſe trouvent dans la piece de comparaison ; ou bien encore en mesurant au compas ces lettres dans l'original, & dans la lettre que l'on vient de rapporter. On verra dans la premiere opération que les mots & les lettres s'appliquent & s'identifient. Dans la seconde, l'ouverture du compas fera sentir le rapport & l'identité des proportions qui se trouvent entre les mots pris pour modeles, & ceux qui ont été contre-tirés.

Le même procédé se reconnoît encore, 1°. en ce que dans plusieurs des lettres arguées de faux, on retrouve des phrases entieres de celles que M. de Richelieu n'a pas cru devoir examiner plus particuliérement ; 2°. en ce que dans plusieurs des lettres arguées de faux, on retrouve les mêmes phrases répétées. Il est difficile de présumer que M. de Richelieu fût tombé dans de pareilles répétitions. Il est au contraire facile de concevoir que le style des épitres forgées par Madame de Saint-Vincent, a dû souvent être gêné par la difficulté de trouver des modeles qui pussent lui permettre de le varier.

La maigreur du caractere de presque toutes les lettres est une nouvelle preuve du procédé. Elle a dû provenir, comme on l'a déja observé, de la nécessité d'employer une plume plus fine, afin que l'on pût appercevoir plus aisément les traits que l'on vouloit suivre.

Enfin il étoit impossible que Madame de Saint-Vincent trouvât dans les lettres originales de M. de Richelieu les mots de *tiers* & de *mandat*, qu'il n'a jamais

mais employés. Auſſi ces mots, dans les lettres fauſſes, préſentent-ils un génie qui s'écarte ſenſiblement de celui que préſente l'écriture de M. de Richelieu.

Les obſervations, que les Experts auront faites, d'après les connoiſſances qui leur ſont propres, préſenteront certainement d'autres preuves auſſi déciſives, quoique d'un genre différent.

Ils n'auront pas ſans doute manqué d'obſerver les différences qui ſe trouvent, entre l'écriture de ces lettres & celles de M. de Richelieu, dans la configuration de certaines lettres, dans la ponctuation des *i*, dans l'orthographe de pluſieurs mots, dans l'habitude différente de la poſition de la plume, qui caractériſe ordinairement les écritures propres à une certaine main ; ils n'auront pas oublié d'obſerver, ſur les deux ſeules lettres qui préſentent une ſignature, que l'une de ces ſignatures eſt extrêmement ſurchargée d'encre, & que l'autre ſe trouve calquée ſur le même modele qui a produit quatre de celles appoſées ſur les billets. Que le papier, ſur lequel ces lettres ſont écrites, eſt d'une forme différente de celui dont il eſt certain que M. de Richelieu s'eſt toujours ſervi, & que la plupart ne ſont même que des fragmens de lettres découpés, ou des billets écrits ſur de petits morceaux de papier, dans une forme ſous laquelle M. de Richelieu ne ſe feroit pas permis d'écrire à une femme du rang de Madame de Saint-Vincent. Enfin ils n'auront pas manqué d'obſerver que l'écriture de M. de

Richelieu & celle du Fauſſaire préſentent un génie (1) évidemment différent qui frappe à la ſeule inſpection.

Mais qu'eſt-il beſoin de s'appéſantir ſur les preuves particulieres qui peuvent s'appliquer à chacune de ces lettres ? La fauſſeté, démontrée pour une ſeule, prouve la fauſſeté de toutes celles que M. de Richelieu déſavoue. Madame de Saint-Vincent n'en tire qu'une ſeule & même conſéquence. S'il eſt prouvé qu'elle ſe ſoit fabriqué un ſeul des titres qu'elle invoque pour ſoutenir la vérité des billets, s'il eſt prouvé qu'elle ait oſé contrefaire une ſeule des lettres qu'elle oppoſe, il n'eſt plus poſſible d'admettre aucune de celles qu'elle préſente, & que M. de Richelieu déſavoue. Si Madame de Saint-Vincent avoit eu entre ſes mains huit lettres véritables, elle n'auroit jamais imaginé d'en forger une neuvieme, qui ne pourroit rien ajouter à la preuve.

III.

Fauſſeté de la lettre relative à la paternité.

Qui pourroit douter enfin de la fauſſeté de toutes ces lettres, d'après l'abandon que Madame de Saint-Vincent a été forcée de faire de celle qu'elle avoit oſé annoncer avec tant d'oſtentation ? On entend parler de cette lettre par laquelle on avoit entrepris

(1) Qu'on nous paſſe ce terme technique, qu'il feroit difficile de ſuppléer par aucun autre ſynonime capable d'en rendre le véritable ſens.

de prouver l'exiſtence d'un enfant avoué par M. de Richelieu.

Ce ſeroit inutilement que l'on voudroit aujourd'hui élever des doutes ſur le fait de cette lettre. Les précautions, qu'on a priſes pour la ſouſtraire aux regards de la Juſtice, n'effacent point les traces d'un corps de délit qui demeure toujours certain. Il doit être prouvé par le témoignage des perſonnes qui ont vu & lu la lettre ; il l'eſt encore par les procédures judiciaires que M. de Richelieu a faites pour en forcer la repréſentation, par les réponſes mêmes de Madame de Saint-Vincent, qui s'eſt contentée de nier qu'elle l'eût montrée, ſans en méconnoître l'exiſtence, enfin par la réponſe de ſon Procureur qui a ſeulement prétendu avoir remis la lettre, ſans nier l'uſage qu'il en avoit fait.

Si l'exiſtence de la lettre eſt certaine, ſa fauſſeté ſe démontre par le refus même que fait Madame de Saint-Vincent de la faire reparoître. Son propre témoignage eſt plus déciſif que toutes les preuves phyſiques qui pourroient réſulter de l'inſpection du titre.

Contentons-nous de faire ſur ce dernier faux une obſervation bien importante. Les différentes perſonnes, qui ont vu cette lettre, avoient été tellement frappées de la reſſemblance de l'écriture, dont on ſe faiſoit même un triomphe, que leur bonne foi auroit peut-être cédé à l'excès de l'artifice, ſi la raiſon leur avoit permis d'héſiter entre le déſaveu de M. de Richelieu & l'aſſertion d'une femme telle que Madame de Saint-Vincent. Peut-être leur reſteroit-il encore quelque ſcrupule à cet égard, ſi leur Jugement ne ſe trouvoit point fixé par le refus qu'elle fait de repréſenter le titre le plus important qu'elle pût invoquer pour ſa juſtification. Un pareil fait, qui ne peut ſervir qu'à prouver l'adreſſe du Fauſſaire, doit apprendre à la Juſtice & au Public combien les yeux doivent ſe méfier de la prétendue reſſemblance des écritures. Il n'y auroit point de Fauſſaires, s'il n'exiſtoit point un art pour imiter. Les regiſtres de la Juſtice conſervent encore les monumens trop fameux de l'hiſtoire des *faux contrats*. L'imitation avoit tellement approché la vérité, que pluſieurs Notaires avoient reconnu leurs propres ſignatures. Néamoins la fauſſeté en fut complettement démontrée par le rapport des Experts & par les autres preuves morales que l'inſtruction adminiſtra.

C'eſt par les mêmes ſecours que M. de Richelieu démontre aujourd'hui une fauſſeté, exécutée avec beaucoup moins d'adreſſe.

On vient de voir les preuves phyſiques, qui réſultent de l'inſpection même des pieces, & que doit confirmer le témoignage des Experts. Développons maintenant un ſecond genre de preuves, qui auroit pu rendre inutile les premieres, mais qui y donnera une nouvelle force.

SECOND GENRE DE PREUVES.

CE ſecond genre de preuves réſulte des interrogatoires de Madame de Saint-Vincent, des pieces qu'elle a reconnues, des faits qui ont été annoncés & qui doivent être prouvés par les informations & par les autres charges du procès. Pour donner plus d'ordre & de clarté à cette seconde démonstration, on rangera les preuves qui la composent sous quatre réflexions principales.

Les faux multipliés, dont Madame de Saint-Vincent est convaincue, & la connoissance acquise des moyens, qu'elle a employés pour les exécuter, la font présumer capable d'un crime du même genre.

Ses propres lettres & ses discours la montrent occupée depuis long-tems d'un projet qui l'intimidoit elle-même, & qui ne peut être que le crime dont il s'agit.

Le faux se manifeste dans toutes les parties de la fable qu'elle débite. C'est un tissu monstrueux d'absurdités, de contradictions & de faussetés palpables.

Enfin, elle s'est trahie par l'usage qu'elle a fait de ses prétendus titres, encore plus par la conduite qu'elle a tenue au moment où son crime a éclaté & par les précautions & les artifices de sa défense.

Après avoir développé ces preuves, il sera facile d'enlever à Madame de Saint-Vincent les foibles ressources qu'elle croit trouver dans quelques objections, dont la discussion n'aura pas pu entrer dans le corps de ces quatre réflexions.

PREMIERE RÉFLEXION.

Habitude aux faux.

C'EST un principe reçu en Juſtice, qu'un accuſé convaincu de pluſieurs crimes eſt plus facilement préſumé coupable du crime particulier qui lui eſt imputé, lorſqu'il eſt du même genre. *Semel malus, facilè præſumitur malus in eodem genere mali.* Quel axiome terrible pour Madame de Saint-Vincent!

Toutes les époques de ſa vie, toutes ſes actions ſont marquées par des faux. Elle a laiſſé dans tous les lieux, qu'elle a habités, des traces de ſon goût & de ſes talens. A Milhaud elle forge une fauſſe lettre de M. de Richelieu, pour ſe procurer le foible avantage de paroître reconnoiſſante *. A Poitiers elle contrefait l'écriture & la ſignature de la Prieure, pour ſatisfaire un caprice de parure *. Elle trompe ſon propre ami par une correſpondance avec le ſieur Peixotto, dont elle ſuppoſe des lettres qui n'ont jamais exiſté *. A Paris elle contrefait ou fait contrefaire la ſignature de ce même Banquier, pour faciliter la négociation d'un faux mandat *. Sous les yeux de la Juſtice elle oſe inventer une calomnie atroce, imputer à M. de Richelieu une paternité qui n'a jamais exiſté, ou qui ſeroit le crime d'un autre, & fabriquer une fauſſe lettre pour ſoutenir ſon impoſture *. Ceux, que ſes relations dénoncent comme ſes confidens & ſes complices, l'accuſent eux-mêmes de faux. Bennavent ſoutient qu'elle

* V. ci-deſſus, pages 8 & 9.

* V. ci-deſſus, page 26.

* V. ci-deſſus pages 30, 31 & 32.

* V. ci-deſſus, pages 39, 40, 41, 42, 43 & 44.

V. ci-deſſus, pages 14, 15, 16, 17, 18, 19, 20, 21 & 22.

lui a montré une lettre de M. de Richelieu, dont elle désavoue l'existence *. En un mot, Madame de Saint-Vincent n'existe que pour des faux; son ame en est nourrie, toutes ses actions, toutes ses paroles sont des faussetés prouvées ou même avouées. Elle a fait de ce talent funeste une étude criminelle & son occupation journaliere dans ces retraites, où elle ne devoit songer qu'à faire oublier les fautes qui l'y avoient conduite. On l'y a vu s'occuper à des expériences perfides, y contrefaire des lettres même de de M. Richelieu, & y exécuter un faux qui n'en seroit pas moins criminel, quand il n'auroit eu que l'objet qu'elle lui supposoit vis-à-vis des témoins qu'elle ne croyoit point dignes d'une plus entiere confidence (1). Et Madame de Saint-Vincent ose encore soutenir les regards de la Justice ! Elle se flatte encore de pouvoir intéresser le public ! Non. Les Magistrats ne pourront hésiter à reconnoître dans les titres qu'elle représente le même crime dont ils la trouvent déja tant de fois convaincue, la même main qui a déja produit tant de faux, les mêmes procédés qu'elle a tant de fois employés, & dont l'on apperçoit l'usage dans les promesses mêmes qu'elle faisoit au sieur de Vedel, & qui ne peuvent prouver que le projet dont elle s'occupoit dès-lors.

* V. ci-dessus, page 82.

(1) La Dame de Saint-Vincent annonçoit qu'une des lettres de M. de Richelieu, qu'on lui voyoit contrefaire étoit destinée à l'excuser vis-à-vis du sieur de Vedel, auquel elle ne pouvoit point envoyer une somme de 12000 liv. qu'elle lui avoit annoncée sur la foi des promesses de M. de Richelieu.

DEUXIEME RÉFLEXION.

Projet du faux en question.

MADAME de Saint-Vincent dira, sans doute, que les espérances dont elle flattoit le sieur de Vedel, étoient fondées sur les promesses mêmes de M. de Richelieu. Nous attaquerons bientôt ce fantôme ridicule, dont les faits ont déja fait pressentir la fausseté. Mais, que Madame de Saint-Vincent concilie donc ses propres lettres avec son systême !

Pourquoi dans une de ces lettres la voit-on s'écrier : *J'ai un terrible pas à faire, je ne sçais comment je m'y prendrai.* Quel étoit donc *ce pas terrible ?* N'est-il pas évident que Madame de Saint-Vincent ne pouvoit désigner, par cette expression, que le faux auquel elle étoit obligée de recourir pour réaliser les espérances qu'elle avoit fait naître dans le cœur du sieur de Vedel ? N'est-il pas évident qu'elle avoit été enfin obligée de lui annoncer ses ressources, après avoir été convaincue par lui de fausseté sur le fait des promesses de M. de Richelieu ?

Comment Madame de Saint-Vincent pourra-t-elle appliquer à son systême ces paroles trop énergiques, que l'on a déja vues dans une autre de ses lettres au sieur de Vedel ? « *Le mois prochain* nous ne serons » pas dans ces peines . . . . *Huit jours après mon* » *arrivée tu auras de l'argent.* J'aurai fait le tour du » monde pour l'*attraper. Milhaud* d'abord, où j'ai » pensé l'avoir, Tarbes, Poitiers, Paris ; c'étoit-là » le terme de nos malheurs *dans les secrets de nos* » *destinées.*

» *destinées*. Il y faut y venir à ce point, & on tourne » long-tems avant de le connoître ». Comment Madame de Saint-Vincent a-t-elle pu dès Poitiers assurer le Major qu'il auroit de l'argent *huit jours après qu'elle seroit arrivée à Paris?* De son aveu, elle n'avoit encore entre ses mains aucun titre qui lui garantît l'effet des prétendues promesses de M. de Richelieu ; elle ne représente aucune lettre qui lui ait donné une époque précise de leur accomplissement. Comment a-t-elle pu dire qu'elle avoit manqué avoir cet argent dès *Milhaud*, dès *Tarbes*, puisqu'elle ne fixe elle-même l'époque des premieres promesses de M. de Richelieu qu'au tems de leur premiere entrevue, qui ne fut qu'en 1771, puisque l'on ne voit pas un mot dans la fable qu'elle a composée, qui puisse concilier les termes de cette lettre avec les faits qu'elle annonce? Elle seule pouvoit prédire quel seroit le terme de ses malheurs, parce qu'elle seule avoit *le secret de ses destinées*.

Que Madame de Saint-Vincent explique encore à la Justice le secret de cette troisieme lettre, qui sans cela ne pourra jamais présenter que l'idée du projet le plus criminel. « Tenez, je vous envoie » *du caractere de cet homme* ; vous verrez qu'il parle » du Maréchal, & que je le charge de toutes mes » affaires à Paris....... *Confrontez les caracteres.* » Voyez que cet homme est un homme à M. le » Maréchal, en qui j'ai la plus grande confiance & » qui a soin de toutes mes affaires, & qui les fait » toutes. Je vous envoie assez *pour confronter les*

» *caracteres. Il eſt inutile pour ce que je vous prouve, » que j'envoie une lettre entiere ; je vous envoie » deux lignes de la lettre du Maréchal, de ce Courier,* » Vous verrez la lettre dans le tems ».

Sommée d'expliquer cette lettre & d'indiquer quel eſt l'homme dont elle y parle, Madame de Saint-Vincent reſte muette, *& ne ſe ſouvient de rien* *.

* V. ſon ſecond interrogatoire, art. 103.

Le ſieur de Vedel eſt plus entreprenant, *& voici,* dit-il *, l'*hiſtoire que Madame de Saint-Vincent lui a faite à cet ſujet* : » Un homme de la maiſon de M. » de Richelieu, qui avoit toute ſa confiance, vou- » loit bien, à la recommandation de Madame de » Saint-Vincent, le ſervir lorſqu'il auroit quelque » grace à lui demander. Mais il ne vouloit pas être » connu. S'il écrivoit, ce n'étoit que pour que » Madame de Saint-Vincent (que lui Répondant ne » vouloit pas croire) pût lui faire voir la vérité. » Cet homme, qui ne vouloit pas être connu, ne » devoit pas ſigner ſes lettres lorſqu'il écriroit au » Répondant. En conſéquence Madame de Saint- » Vincent lui envoya un morceau de lettre de cet » homme, pour qu'il pût confronter celles qu'il » devoit par la ſuite recevoir de ce particulier, & » par-là en reconnoître les caracteres; au ſurplus il » n'a jamais reçu de lettres de cet homme ».

* V. ſon ſecond interrogatoire, art. 58.

S'eſt-on flatté ſérieuſement de faire adopter de pareilles fables ? 1°. Comment la concilier avec cette derniere partie de la lettre ? *Je vous envoie aſſez pour confronter les caracteres. Il eſt inutile pour ce que je vous prouve, que je vous envoie une lettre entiere; je vous envoie deux lignes de la lettre du Maréchal, de ce Courier.* Il est évident que ces dernieres phrases appliquent la confrontation, qu'il s'agissoit de faire des caracteres de cet homme, aux *deux lignes de M. le Maréchal.* 2°. Pourquoi Qadame de S. Vincent avoit-elle oublié ce mot de l'énigme que le sieur de Vedel prétend ne tenir que d'elle-même? 3°. Pourquoi hésite-t-on à nommer *cet homme?* pourquoi prenoit-il un circuit si ridicule pour obliger un Militaire qui, si on l'en croyoit, auroit eu l'avantage d'être connu de M. de Richelieu, & que Madame de Saint-Vincent annonce comme un *tiers*, qui possédoit les secrets les plus intéressans pour tous deux?

En attendant que Madame de Saint-Vincent réponde à toutes ces questions, nous lui demanderons encore quelle étoit cette proposition qu'elle a osé faire au sieur Canron *, cette proposition qu'il prétend avoir rejettée avec horreur, *comme capable de le conduire à la corde.* Qu'elle ne nous dise point avec Canron que ce sont *des propos outrés* qui lui sont échappés dans un moment de brouillerie. La Justice lui a déja observé que de pareils propos, tenus dans un tems non suspect, ne peuvent jamais être susceptibles d'une interprétation mitigée. Canron ne la sert pas mieux, lorsqu'il se réduit à dire qu'il s'agissoit *de signer un nom au bas d'une lettre.* Tant que ni l'un ni l'autre ne pourront point dire quel étoit ce nom, & quel étoit l'objet de la lettre, la proposition laissera toujours subsister l'idée du projet le plus atroce, &

* V. ci-dessus, page 84.

d'un projet parfaitement analogue à celui qu'elle s'étoit proposé dès Poitiers, & qui, *dans le ſecret de ſes deſtinées*, ne devoit éclorre qu'à Paris, *huit jours après ſon arrivée.*

TROISIEME RÉFLEXION.

Fauſſeté des billets.

Il n'eſt que trop certain que l'exécution a ſuivi le projet. Il ſuffit pour s'en convaincre d'examiner avec quelqu'attention la fable de Madame de Saint-Vincent ſur l'objet particulier des billets qu'elle ſuppoſe avoir reçus de M. de Richelieu. C'eſt un tiſſu d'abſurdités, de contradictions & de fauſſetés. C'eſt un édifice monſtrueux qui s'écroule au moment même où la main veut le toucher pour en vérifier l'exiſtence.

Deux parties principales à diſtinguer dans cette fable.

D'un côté, les promeſſes de M. de Richelieu avec le principe qui les a produites: de l'autre, l'exécution qui a réaliſé ces promeſſes.

I.

Le principe & les promeſſes.

Fauſſeté du principe.

On ne s'arrêtera point à combattre ſérieuſement Madame de Saint-Vincent, lorſqu'elle prétend donner pour principe aux libéralités de M. de Richelieu les dédommagemens qu'il lui devoit à raiſon des dépenſes qu'ont occaſionné les changemens d'habitation qu'elle a elle-même desirés. Sa famille, qui a pourvu par-tout à sa subsistance, a dû pourvoir aussi aux frais de ces déplacemens, que M. de Richelieu n'a pas tous approuvés, & auxquels il n'a dû contribuer que de son crédit. Quand il auroit cru devoir en ces occasions lui accorder quelques secours modiques, une pareille cause n'auroit jamais produit une libéralité de 425,000 liv. il ne falloit pas une somme aussi considérable pour acquitter des dépenses qui n'ont point excédé 4 ou 5,000 liv.

Madame de Saint-Vincent a senti elle-même toute l'absurdité de cette premiere partie de son systême. Un prétexte plus artificieux a pu suspendre quelque tems l'opinion publique ; mais elle auroit dû prévoir encore l'insuffisance de ce nouveau prétexte.

La lettre que M. de Richelieu lui a écrite à Tarbes le 12 Avril 1771, & qui a été déja citée *, démontre qu'il n'entroit aucunes vues d'arrangement relatif à lui dans les transplantations de Milhaud à Tarbes, & de Tarbes à Poitiers. Peu de personnes auroient cru à cet *empressement* romanesque, auquel Madame de Saint-Vincent ne donne pour principe qu'une simple correspondance par lettres. La foiblesse imaginaire dont elle fait un aveu indécent, & qu'elle place au moment de sa premiere entrevue avec M. de Richelieu, seroit encore une circonstance insuffisante pour donner quelque vraisemblance aux bienfaits immenses dont elle n'auroit reçu alors que la promesse.

De-là cette nouvelle fable par laquelle on a tenté

* V. ci-dessus, page 11, où cette lettre a été datée par erreur de 1772.

la crédulité publique (1); mais la fable & le titre odieux ſur lequel on l'appuyoit ſont rentrés dans le néant auſſi-tôt que M. de Richelieu a ſommé d'en ſoumettre les preuves à l'examen de la Juſtice.

C'eſt inutilement que Madame de Saint-Vincent a eſſayé de ſuppoſer qu'elle étoit au moins parvenue à perſuader à M. de Richelieu une paternité qui n'a jamais exiſté, & qui auroit été inconciliable avec les dates, ainſi qu'on l'a déja démontré *. D'ailleurs le ſilence des lettres de M. de Richelieu prouve qu'il eſt impoſſible de lui ſuppoſer une opinion qui auroit néceſſairement produit une multitude de détails non-équivoques. Enfin Madame de Saint-Vincent a été obligée d'avouer que le crime & l'erreur même n'ont jamais exiſté, & il ne lui eſt reſté que la honte d'avoir voulu, par une noirceur impardonnable, légitimer le prix chimérique d'un crime imaginaire.

* Voyez ci-deſſ. pag. 16, 17 & 18; & page 24.

Fauſſeté des promeſſes.

Si Madame de Saint-Vincent ne peut indiquer un principe apparent qui ait produit la libéralité, diſons mieux, ſi ceux qu'elle a imaginés ſont démontrés faux, elle ne peut plus ſe flatter de faire croire des promeſſes ſans cauſe. Mais ſuivons-la dans toutes les parties de ſa fable, & diſcutons les deux preuves qu'elle donne de ces prétendues promeſſes. Elle les tire, 1°. de ſa correſpondance avec le ſieur de Vedel, 2°. des lettres mêmes de M. de Richelieu.

---

(1) La prétendue paternité & la lettre fabriquée pour la prouver.

Sa correſpondance avec le Major, concertée ou non, ne feroit jamais une preuve contre M. de Richelieu. Les copies mêmes de *ſes prétendues lettres*, qui font partie de ce recueil précieux, ne ſeroient pas un titre plus redoutable pour lui. Il pourroit ſe contenter de répondre, comme Madame de Saint-Vincent le fait elle-même ſur un autre objet, que *ce ſont des folies & des extravagances de l'imagination de Madame de Saint-Vincent, qu'elle écrivoit au Major pour ſe rendre intéreſſante & s'en faire aimer.*

Mais M. de Richelieu ne ſe borne point à des conjectures. Il a la preuve, il a l'aveu de Madame de Saint-Vincent. Elle convient avoir ſuppoſé, vis-à-vis du Major, une fauſſe correſpondance avec le ſieur Peixotto *. Elle convient avoir donné à cette impoſture toute l'apparence d'une réalité. Elle a montré au Major les lettres qu'elle écrivoit au ſieur Peixotto, & les réponſes qu'elle faiſoit faire par de prétendues penſionnaires du Couvent, qu'elle ne peut nommer. Elle lui a certifié ces titres dont elle eſt forcée de reconnoître la fauſſeté ; & elle voudroit que l'on crût cette même correſpondance dans la partie qui contient les copies des prétendues lettres de M. de Richelieu. Lui a-t-il donc été plus difficile d'inventer ce ſecond menſonge que le premier ? La même imagination, le même intérêt qui a pu produire une partie de la fable, n'ont-ils pas produit néceſſairement la totalité ?

* Voyez ci-deſſ. pages 30, 31, 32 & 33.

Il n'y auroit que les lettres originales de M. de Richelieu, qui pourroient autoriſer une diſtinction auſſi peu naturelle. On a démontré jusqu'à l'évidence, sur le premier genre de preuves, le faux matériel de ces lettres. Il s'agit ici de preuves morales. Voyons si ce second genre de preuves ne dévoile pas aussi clairement la fausseté de ces titres.

La même main qui a produit de fausses lettres & une fausse signature du sieur Peixotto, n'a-t-elle pas dû produire les fausses lettres de M. de Richelieu? La même main qui s'occupoit dans Poitiers à contre-tirer des écritures à la vitre, à faire de fausses lettres de M. de Richelieu, en prenant dans les véritables les phrases & les mots qui convenoient à son sujet, n'a-t-elle pas évidemment produit les lettres qu'on représente comme celles qu'on ne représente point?

Pourquoi ne retrouve-t-on point, au nombre des lettres qu'on a osé mettre sous les yeux de la Justice, les originaux de celles dont on trouve des copies entre les mains du Major, de ces lettres qui présentent des faits infiniment plus intéressans & plus détaillés, & dont la représentation seroit par conséquent bien plus importante?

Si de ces observations générales on veut passer à l'examen particulier des lettres représentées, leur seule forme, leur seul contexte en décele la fausseté.

1°. Dans l'une de ces lettres, on lit : *Je crois que vous faites bien de vous adresser à Sube pour terminer vos affaires.* * M. de Richelieu n'ignore plus que, dans tous les tems, Madame de Saint-Vincent a cherché à se pratiquer des relations dans l'intérieur de sa maison. Ses intrigues avec Canron en sont une premiere preuve.

* N°. 6 des pieces déposées par Me Lafitte.

preuve. La lettre, dont on a déjà parlé, qui annonçoit au ſieur de Vedel l'envoi *du caractere* d'un homme qu'elle déſignoit *comme étant à M. le Maréchal*, en fournit un ſecond exemple. D'autres lettres, écrites par Madame de Saint-Vincent au Major, annonceroient encore des relations avec le ſieur Sube alors Tréſorier de M. de Richelieu. Mais, ſans approfondir juſqu'où ont été portées ces relations que le ſieur Sube nie, ou qu'il réduit à deux viſites de haſard, il ſuffit, pour prouver la fauſſeté de cette premiere lettre, de ſe fixer à une obſervation. Madame de Saint-Vincent s'accorde avec le ſieur Sube, pour convenir que celui-ci n'a jamais connu les prétendues promeſſes qu'elle ſuppoſe avoir reçues de M. de Richelieu. Il eſt donc impoſſible que M. de Richelieu lui ait écrit ce qu'on lit dans cette lettre.

2°. On a déjà obſervé que pluſieurs de ces lettres contiennent des phraſes entieres, répétées dans diverſes lettres, & néanmoins dans les mêmes termes. Il y a même pluſieurs de ces phraſes qui ſont tirées des lettres que M. de Richelieu n'a pas cru devoir déſavouer. Il eſt difficile de concevoir qu'une même perſonne ſe répete mot pour mot, & par des phraſes entieres, dans des lettres écrites en différens tems. Mais ces ſingularités s'accordent très-bien avec le procédé que Madame de Saint-Vincent employoit pour ſes contrefactions, & qu'on a déjà développé.

3°. Dans celle-ci *, M. de Richelieu écrit à Madame de Saint-Vincent : *J'ai donné des ordres pour qu'on vous rende votre mandat.* Et l'on ne voit rien

* V. pieces dé-poſées n°. 7.

dans la fable qui puisse expliquer cette énigme, dont le corps de la lettre ne peut indiquer le sens.

* Voyez Pieces déposées, n° 9.

4°. Dans celle-là *, M. de Richelieu dit : *Je vous envoie votre mandat.* Et Madame de Saint-Vincent prétend avoir reçu les deux mandats de la main de M. de Richelieu.

* Voyez piec. déposées, n° 13.

5°. Dans une de ces lettres *, le sieur de Vedel reçoit la commission de retirer 45,000 livres déposées chez un Procureur ; & l'on y a fait dire à M. de Richelieu, *qu'il a oublié le nom de ce Procureur.* On vouloit, sans doute, se soustraire à l'obligation de le nommer; mais, si l'on en croit les propres lettres de Madame de Saint-Vincent, elle a connu depuis le nom de ce dépositaire, puisqu'elle a écrit au Major : « Si Peixotto ne vient pas, nous nous » ferons donner nos 45,000 liv. : repose là-dessus ». * Cependant elle n'a jamais pu nommer le Procureur. Pressée trop vivement sur cet article, elle répond *qu'elle n'en veut pas dire davantage, & qu'elle ne répondra qu'aux questions où on lui parlera des billets* *; comme si les promesses antécédentes n'avoient pas une relation nécessaire avec la question des billets, qui n'en doivent être que l'exécution.

* Voy. pieces saisies chez la femme Leroy, par le Commiss. de Graville, cote 44, 3e liasse.

* 2e interrog. art. 59 & 60.

6°. Le prétendu billet qui accompagnoit les trois effets au porteur renvoyés le 14 Novembre 1773, recommande à Madame de Saint-Vincent *de n'en vendre aucun, & de n'en parler à personne*; & cependant il en désigne un *pour payer les dettes* *.

* V. pieces déposées, cote 11.

7°. Ce même billet contient la destination ridicule d'une somme de 60,000 liv. au profit d'une personne désignée par l'expression *du tiers.* La même désignation ſe trouve dans d'autres lettres; & quand il ne ſeroit point atteſté par pluſieurs des co-accuſés, quand le ſieur de Vedel ne ſeroit pas convenu, dans ſes interrogatoires*, que c'étoit à lui que Madame de Saint-Vincent appliquoit cette qualification, il ne pourroit la contredire, puiſque les copies des prétendues lettres de M. le Maréchal, qui ſe trouvent entre ſes mains, le déſignent clairement par cette même dénomination, & le ſuppoſent dépoſitaire d'un ſecret important. Cependant Madame de Saint-Vincent & le ſieur de Vedel n'ont jamais pu expliquer quelle pouvoit être cette confidence, que M. de Richelieu dénie, ainſi que toutes les relations qu'on ſuppoſe avoir exiſté entre lui & le ſieur de Vedel. Celui-ci eſt même convenu expreſſément dans ſon ſecond interrogatoire, art. 71, *qu'il n'a jamais eu de ſecret ni verbalement, ni par écrit de M. le Maréchal, & que ce ſont des folies de Madame de Saint-Vincent.*

* Voy. interr. art. 26, 27 & 28.

8o. Enfin, pluſieurs de ces prétendues lettres ne ſont que des lambeaux & des morceaux découpés. Il n'eſt pas étonnant qu'on en ait ſi long-tems différé le dépôt. Il falloit trier ces ouvrages de l'impoſture, & en ſéparer même les parties trop mal digérées, ou préparées pour quelqu'autre fable, que les circonſtances poſtérieures ont forcé d'abandonner.

Les copies des prétendues lettres de M. de Richelieu préſenteroient une foule de réflexions ſemblables. Mais ce ſeroit abuſer des momens de la Juſtice, que de combattre ſérieuſement des titres qui ne peuvent mériter aucune foi, tant qu'on ne prouvera point l'exiſtence des originaux. Contentons-nous de deux obſervations frappantes.

1o. Deux de ces lettres, ou copies de lettres, mettent dans la bouche de M. de Richelieu une reconnoiſſance de paternité ; & Madame de Saint-Vincent a formellement déclaré que M. de Richelieu ne lui avoit jamais rien écrit de ſemblable *. Il eſt même démontré qu'il n'a jamais pu adopter cette erreur. Ces copies ne peuvent donc être qu'une nouvelle impoſture, imaginée par Madame de Saint-Vincent pour tromper le Major, ſi elles ne ſont point le réſultat d'un projet infame concerté entr'eux.

Voyez ci-deſſ. pag. 19.

2o. Deux prétendues lettres, qui forment encore partie de ce Recueil, font annoncer à M. de Richelieu qu'il enverra le mandat par *cet homme ;* & il n'y a rien dans la fable de Madame de Saint-Vincent qui ſuppoſe un tiers pour l'envoi des mandats. Ces billets, qui ſuppoſent qu'elle n'avoit point encore reçu les mandats, ſont datés *des* 12 *&* 16 *Octobre* 1773 ; cependant elle prétend elle-même avoir reçu les deux mandats dès le mois d'Avril : elle les a fait voir à la Dame de Saint-Jean dès le mois de Juin. Il n'eſt pas étonnant qu'on n'oſe point faire paroître des originaux qui, tout faux qu'ils ſont, ne s'accorderoient plus avec les dates, que des réflexions poſtérieures ont forcé de choiſir.

C'eſt donc inutilement que Madame de Saint-Vincent, pour prouver des promeſſes auxquelles il lui eſt impoſſible de donner un motif apparent, invoque des copies dont les originaux ne paroiſſent point ;

& des lettres prétendu originales dont la fausseté est démontrée.

I I.

L'Exécution.

DES promesses constatées, une cause vraisemblable indiquée ne suffiroient pas, sans doute, pour prouver l'exécution de la libéralité. Mais la fausseté du principe & des promesses une fois démontrée, détruit la fable de l'exécution. La moitié de l'édifice renversée entraîne nécessairement la chûte de l'autre. Madame de Saint-Vincent, convaincue d'avoir supposé un faux principe & de fausses promesses, est d'avance convaincue d'avoir fabriqué des billets qui n'ont pas pu exister sans cause.

Mais ne craignons point d'attaquer cette seconde partie de son Roman : après y avoir jetté un coup d'œil général, désassemblons les pieces qui la composent, & discutons successivement, 1°. l'histoire des deux mandats; 2°. celle de leur conversion en trois billets au porteur, l'un de 300,000 liv. & les deux autres de 60000 liv. chacun. 3°. Enfin le prétendu échange que Madame de Saint-Vincent suppose encore du billet de 300,000 liv. contre dix autres, destinés à en diviser le paiement par des échéances différentes.

Coup d'œil général.

QUEL enchaînement inconcevable de titres qui, dans le systême de Madame de Saint-Vincent, se succedent le plus souvent sans cause, & qui se remplacent sans se détruire ! La complaisance inépuisable de

M. de Richelieu, lui auroit-elle fait souscrire, pour le même objet, quinze titres différens ? Il connoissoit *la légéreté de la tête* de Madame de Saint-Vincent, & l'on veut supposer qu'il se soit livré à sa discrétion, en lui remettant sans cesse de nouveaux titres sans retirer les premiers; de maniere qu'il auroit laissé exister pour 1,325,000 livres d'obligations, lorsqu'il n'auroit eu intention que de donner 420,000 liv.

Un premier titre, conçu dans une forme ridicule, ne peut être que l'ouvrage d'une femme peu instruite de la formule des titres obligatoires (1).

Si M. de Richelieu n'avoit imaginé cette forme captieuse de donner sans s'obliger, que dans l'intention de ne jamais payer, comment Madame de Saint-Vincent a-t-elle pu lui arracher un second titre plus solide !

Si l'impuissance d'acquitter ce second en suspendoit l'exécution, qu'étoit-il besoin d'en substituer un troisieme ? M. de Richelieu n'étoit point dégagé par le défaut de paiement. Il n'avoit point à redouter l'impatience, ou les mauvais procédés, d'une femme qui, suvant elle-même, ne faisoit aucune difficulté de se prêter à tous les arrangemens qui pouvoient convenir à son bienfaiteur.

Comment M. de Richelieu, que l'impuissance de payer conduisoit à cette conversion, a-t-il pu ajou-

---

(1) *Nota.* On se rappelle que la forme étoit : « Je prie le sieur *Peschot* » (au lieu de *Peixotto*) de donner à Madame de Saint-Vincent les » 300000 liv. *qui lui appartiennent*, & dont je le tiendrai quitte ».

ter au premier titre une libéralité de 120,000 liv. qui ne lui étoit point demandée ?

Quelle nouvelle inconſtance ſubſtitue encore dix billets à la place de celui de 300,000 liv. ? C'étoit, dit-on, pour faciliter le paiement de ce dernier, en le diviſant & en donnant aux paiemens morcelés des échéances différentes & plus longues. Mais Madame de Saint-Vincent n'étoit-elle point la maitreſſe de ne recevoir que des à-comptes, & dans les tems qui pouvoient convenir à M. de Richelieu ? Il ne s'agiſſoit point de la mettre à portée de s'aider du premier titre en attendant l'échéance, puiſqu'elle avoit, ſelon elle-même, pris l'engagement de n'en point faire uſage. Cette nouvelle opération n'auroit donc pu avoir aucun objet.

Comment Madame de Saint-Vincent, après avoir reçu une libéralité de 425,000 liv. qui ne pourroit plus être que l'indemnité de ſes voyages, ou un ſupplément ajouté à l'inſuffiſance des ſecours de ſa famille, a-t-elle pu eſpérer, ou même deſirer, un nouveau bienfait ? La main de M. de Richelieu, fatiguée de tant d'actes de complaiſance, a-t-elle pu ſigner encore la promeſſe d'une nouvelle libéralité de 80,000 liv. ainſi que le ſuppoſe la lettre que Bennavent ſoutient avoir vue entre les mains de Madame de Saint-Vincent * ?

* V. ci-deſſus, page 52.

Enfin, quel aveuglement, quelle confiance incroyable a pu faire ſouſcrire à M. de Richelieu ces échanges multipliés, ſans retirer les titres échanges ? On voit ſans ceſſe ſortir de ſa main de nouveaux titres, & l'on n'y voit jamais rentrer ceux qu'ils remplacent. Il eſt impoſſible qu'elle ait oſé repréſenter à M. de Richelieu le mandat ſur lequel elle avoit ſuppoſé une fauſſe acceptation, lorſqu'elle prétend en avoir demandé l'échange contre un billet ſouſcrit; & il ſeroit certain, dans ſon propre ſyſtême, qu'elle n'auroit point remis le billet au porteur, qu'elle ſuppoſe avoir été remplacé par dix autres billets. Elle avoit affirmé, dans un premier interrogatoire, avoir déchiré ce billet de 300,000 liv. lors de l'échange, & en avoir jetté les morceaux dans la cheminée de M. de Richelieu. Mais ce billet a été préſenté à la négociation depuis l'époque que Madame de Saint-Vincent a donnée à ſa ſuppreſſion: il étoit encore entre ſes mains, lorſqu'elle a été conduite à la Baſtille. Des perſonnes, dont le témoignage ne peut être ſuſpect, l'ont vu alors*. L'Abbé de Tranſe lui-même déclare l'avoir vu entre ſes mains, un mois après l'époque la plus reculée qu'elle puiſſe donner à l'échange. Auſſi eſt-elle forcée, dans ſon ſecond interrogatoire, de rétracter ce qu'elle avoit d'abord affirmé. *Il eſt poſſible*, dit-elle, *qu'elle ſe ſoit trompée ſur ce fait.* Mais eſt-il poſſible de croire que M. de Richelieu ait oublié pendant quatre mois de lui retirer un billet de 300,000 liv. dont il lui avoit fourni la valeur, & qu'elle ait oublié de le lui remettre?

* M. de Sartine, le ſieur de Jumilhac.

AVANCONS, & de ce premier coup d'œil paſſons à un examen plus particulier des trois opérations qui forment le ſyſtême général.

I.

I. Les deux mandats ſont la ſource & l'origine de tous les titres ſubſéquens ; mais le faux, qui a donné l'être à ces mandats, eſt démontré.

Les mandats.

1°. Madame de Saint-Vincent fixe au 17 ou 25 *Avril*, le jour où elle a reçu le premier mandat. Elle avoit auſſi, lors de ſon premier interrogatoire, placé *dans le même mois* la remiſe du deuxieme mandat. Cela étoit impoſſible, puiſque la demande qu'elle en fit à M. de Richelieu fut la ſuite d'une conſultation que lui donna au Luxembourg un Avocat rayé du tableau, que le ſieur Vedel avoit appellé à ſon conſeil *; & puiſque cet Avocat donne lui-même pour époque à ſon avis, *la fin de Juin ou le commencement de Juillet*, ce fut auſſi dans le mois de *Juin*, que la Dame de Saint Jean, ſans être Juriſconſulte, fit la même réflexion ſur la formule ridicule du premier mandat qu'elle s'étoit ſi mal-adroitement fabriqué.

* Voy. le premier interrogatoire de Vedel.

Madame de Saint-Vincent a changé d'époque dans ſon ſecond interrogatoire. Mais elle n'avoit pas bien ſaiſi l'objection que lui avoit fait l'Avocat lors de ſa viſite au Sr de Vedel dans les priſons. Elle dit qu'elle a reçu le deuxieme mandat *en Mai ou commencement de Juin*: & l'Avocat place la Conſultation ſur le premier mandat en *fin de Juin ou commencement de Juillet.*

2°. Que Madame de Saint-Vincent ait eu en Avril, Mai, Juin ou Juillet, les mandats entre ſes mains, il eſt certain, de ſon propre aveu, que le ſieur Peixotto s'eſt trouvé à Paris depuis le moment où elle poſſédoit ces titres précieux. Cependant elle ne les lui a point

R

présentés. Elle ne lui a écrit que pour lui demander un emprunt de cinquante louis, & sur le refus inconcevable qu'elle a éprouvé, elle n'a pas même osé lui présenter son titre pour l'engager au moins à lui fournir comme une avance, & moyennant un escompte, ce qu'il lui refusoit à titre de prêt.

Mais voici un dernier trait, qui ruine sans ressource cette partie du systême. Madame de Saint-Vincent n'a jamais présenté les mandats au sieur Peixotto, & cependant ils se trouvent revêtus de sa signature & de son acceptation; cependant ils ont été mis sous cette forme en négociation. On a vu les preuves de ce faux, on a vu l'aveu que Madame de Saint-Vincent a été forcée d'en faire. C'est inutilement qu'elle a voulu qualifier de *barbouillage*, de *plaisanterie*, *d'essai de confiance*, une opération dont il est prouvé que l'objet étoit de faciliter la négociation qu'elle a essayé d'en faire *.

* V. ci-dessus, Pages 39, 40, 41, 42, 43 & 44.

La conséquence est facile à tirer. On ne hasarde point sur un titre sérieux, sur un titre de *cent mille écus* une fausse acceptation qui l'anéantiroit. La fausse acceptation est une preuve invincible de la fausseté même du titre. La fausseté de la signature du sieur Peixetto, ne laisse aucun doute sur la fausseté de la signature de M. de Richelieu.

Si les mandats étoient un faux, tous les titres qui leur ont succédé, ceux qui ont disparu, comme ceux qui existent encore, sont nécessairement faux; ils ne peuvent être, dans le propre systeme de Madame de Saint-Vincent, que la valeur représentative des premiers. Or M. de Richelieu ne peut pas avoir donné la valeur d'un titre qui n'a jamais exiſté. Il n'a pu fournir des titres véritables en échange d'un premier dont il n'a pas même pu ſoupçonner l'exiſtence ; ſa preuve n'en ſeroit pas moins complette, quand elle ſe borneroit à la fauſſeté du titre, qui eſt le germe de tous les autres ; mais il n'eſt pas un ſeul de tous ces nouveaux titres dont la fauſſeté ne ſe manifeſte par des preuves particulieres.

Billet de 300,000 liv. & deux billets de 60,000 l. chacun.

II. Le billet au porteur de 300,000 liv. les deux billets de 60,000 liv. qui l'accompagnoient, ſont un nouveau crime auſſi facile à démontrer que le premier.

Il eſt évident que c'eſt l'aventure du mandat qui a forcé de ſubſtituer un autre titre à celui que l'eſſai de la négociation avoit décrédité.

Madame de Saint-Vincent donne pour principe à cette nouvelle opération l'impuiſſance où ſe trouvoit M. de Richelieu de payer le mandat à ſon échéance. Comment, encore une fois, a-t-il pu y ajouter une nouvelle libéralité de 120,000 liv. qui ne lui étoit point demandée ?

Mais voici une preuve plus directe de la fauſſeté de la cauſe, & du titre qu'on en veut faire réſulter. Le terme du mandat étoit, ſuivant Madame de Saint-Vincent elle-même, échu en Septembre ou Octobre, & la converſion s'eſt faite le 14 Novembre. C'eſt donc dans la fin d'Octobre ou commencement de Novembre qu'elle a dû propoſer ou ſolliciter cette opération. Cependant il exiſte d'elle une lettre qui, quoique ſans date, ſe fixe néceſſairement par ſon contexe, aux premiers jours de Novembre (1): non-ſeulement elle n'y parle à M. de Richelieu ni du mandat, ni des arrangemens qu'elle auroit pu être dans le cas de propoſer; elle y parle de rembourſer à M. de Richelieu ce qu'elle lui doit: *Je ſerai bientôt*, dit-elle, *à même de ſatisfaire à tout ce que je vous dois.* M. de Richelieu n'avoit ſans doute jamais regardé comme un prêt ſuſceptible de répétition les foibles ſecours que ſa bonté avoit fournis en diverſes occaſions à Madame de Saint-Vincent; mais la petite oſtentation, qui porte celle-ci à s'en regarder comme débitrice, & à en promettre le rembourſement, détruit évidemment la partie de ſa fable que l'on diſcute en ce moment. Une femme qui a bien voulu accepter un don de 300,000 liv. un don auſſi conſidérable qui ſeroit ſans cauſe, ou qui n'auroit pour principe qu'une cauſe pareille à celle qu'elle ſuppoſe, n'a jamais pu propoſer le rembourſement de quelques ſecours manuels, & cela dans le même tems où l'impuiſſance du donateur d'acquitter un premier titre la forçoit d'en demander un ſecond.

Madame de Saint-Vincent n'avoit peut-être pas prévu que le haſard auroit conſervé cette lettre en-

(1) *Nota.* Deux circonſtances placent la date de cette lettre au commencement de Novembre. 1°. La Dame de Saint-Vincent y parle de l'approche des Fêtes de Verſailles pour le mariage de M. le Comte d'Artois. 2°. Elle eſt adreſſée à M. de Richelieu, à Fontainebleau.

tre les mains de M. de Richelieu; mais comment n'a-t-elle point apperçu le défilé dangereux dans lequel elle s'engageoit lorſque, pour garantir la vérité de ſes allégations, elle a eu l'imprudence de circonſtancier des détails qui en prouvent la fauſſeté ?

On a déja obſervé que les domeſtiques de M. de Richelieu avoient quitté l'habit d'été dès la fin d'Octobre 1773. Madame de Saint-Vincent ſe trahit donc elle-même, lorſque, pour prouver que le paquet étoit porté par un domeſtique de M. de Richelieu, elle articule que le porteur avoit pour vêtement *un habit rouge galonné en argent*. Auſſi l'Abbé Froment déclare-t-il prudemment *qu'il ne peut plus dire quel étoit le vêtement de cet émiſſaire apoſté* *.

* V. ſon interrogatoire, art. 3.

Elle a oſé nommer le domeſtique duquel elle prétend avoir reçu le paquet; il a été entendu, & vraiſemblablement n'aura point atteſté ce meſſage. Auſſi l'Abbé Froment ſe diſpenſe-t-il de l'obligation de le reconnoître *.

* *Ibid.*

Enfin tous les acteurs de la ſcene s'accordent à donner au meſſage l'époque du *quatorze Novembre* ou *d'un dimanche* entre le 11 & le 15, qui ramene à l'époque du *quatorze*; ils s'accordent à dire que le paquet n'a été porté à l'Hôtel que la veille. Or il eſt certain que M. de Richelieu n'étoit point à Paris ni *le treize* ni *le quatorze*, & il eſt impoſſible qu'il ait ſigné à Fontainebleau des billets qui n'ont pas pu y parvenir & en revenir du 13 au 14 matin, dans une circonſtance ſur-tout où la multitude de ſes occupations ne lui auroit pas permis de ſe diſtraire pour un objet qui ne préſentoit rien d'urgent, & qu'il auroit pu remettre ſans inconvénient à un autre moment. Malheureuſement les acteurs s'étoient trop bien concertés ſur l'époque, & n'avoient point aſſez connu les faits qui devoient dévoiler leur impoſture; ils ſe ſont trahis par les précautions même qu'ils avoient priſes pour ſurprendre la Juſtice.

Les dix billets ſubſtitués à celui de 300,000 liv.

III. L'IMPRUDENCE eſt preſque toujours la compagne du crime. Combien d'autres preuves n'a-t-elle point ajoutées à celles que l'on vient d'expoſer ?

1°. Les dix billets, qui ne devroient être que l'échange d'un effet de 300,000 liv. fourniſſent cependant une ſomme de 305,000 liv. Madame de Saint-Vincent, en les forgeant, n'avoit pas prévu la fable qu'elle ſeroit forcée un jour d'imaginer.

2°. Par quelle fatalité n'a-t-elle pas pu ſe ſouvenir, lors de ſon interrogatoire, du nombre de ces billets ? Pourquoi ce nombre qui étoit de 6, 7, 8 ou 9, ne s'eſt-il trouvé enfin fixé à dix qu'après le dépôt ſur lequel l'Abbé de Villeneuve a tant héſité ?

3°. Voici une circonſtance ſur laquelle Madame de Saint-Vincent a cru pouvoir s'expliquer affirmativement : elle mérite par conſéquent une attention plus particuliere. Ce qu'*elle ſait bien*, dit-elle, c'eſt qu'elle a reçu *elle-même*, *de la main de M. de Richelieu*, les dix billets en queſtion, *& que c'étoit à la fin* *de Février, ou au commencement de Mars* 1774 *. Le ſieur de Vedel s'accorde avec elle ſur cette époque donnée à l'échange du billet au porteur contre les dix billets par leſquels on le fait aujourd'hui repreſenter.

* Prem. Interr. art. 55.

On ne peut s'empêcher de demander encore une ſeconde fois à Madame de Saint-Vincent, comment il eſt poſſible que le billet au porteur de 300,000 livres ſoit reſté en ſa poſſeſſion ? Si elle a reçu elle-même, *& de la main de M. de Richelieu*, les dix billets qu'il conſentoit de donner en échange du premier, elle a dû lui remettre au même inſtant le titre échangé. M. de Richelieu a dû le lui demander. Rien n'a pu ſurſeoir la ſuppreſſion d'un titre ſi important.

Mais voici une ſeconde queſtion qui n'eſt pas moins embarraſſante pour Madame de Saint-Vincent. *C'eſt*, dit-elle, *à la fin de Février, ou commencement de Mars* 1774, que s'eſt opéré cet échange ſingulier, où elle a reçu dix billets nouveaux ſans rendre le premier. Pourquoi donc parmi ces deux billets en trouve-t-on deux datés *des* 4 *Avril &* 8 *Mai* 1774 (1) ?

Quoiqu'elle eût déclaré, dans ſon premier interrogatoire, être très-certaine de cette époque, elle a voulu, dans ſon ſecond interrogatoire, la reculer au mois d'*Avril ;* mais cela ne réſoud point encore la

(1) On ſait que c'étoit la ſur-veille de la mort du Roi, dont M. de Richelieu ne quittoit point la chambre. Madame de Saint-Vincent n'eſt point heureuſe dans le choix de ſes époques.

difficulté, puiſqu'il reſteroit toujours un billet qui porteroit une date poſtérieure d'un mois à celle de l'opération.

Il eſt impoſſible d'imputer cette date à M. de Richelieu ; car on convient que le corps des billets, & même les dates, ne ſont point de ſa main : on ne lui en attribue que la ſignature, qu'il dénie.

Madame de Saint-Vincent prétend que cette date, inconciliable avec ſes allégations, ne doit être regardée que comme l'effet d'une inadvertance très-indifférente. Elle avoit, dit-elle, chargé des Ecrivains de lui faire le corps des billets, & de leur donner des échéances & des dates différentes : le haſard leur a fait prendre deux dates poſtérieures.

Quelle déríſion ! Les deux billets en queſtion forment enſemble un capital de 55,000 livres. C'étoit certainement des titres aſſez ſérieux pour fixer l'attention de Madame de Saint-Vincent. Perſonne ne croira qu'elle leur ait donné par inadvertance une date qui pouvoit être de la plus grande conſéquence, puiſqu'elle auroit ſuffi pour anéantir le titre ſi la mort avoit frappé M. de Richelieu avant l'époque que la date donnoit à ſa ſignature : la Parque aveugle ne diſtingue point les âges. L'événement pouvoit être plus à craindre vis-à-vis de M. de Richelieu. Perſonne, encore un coup, ne croira que Madame de Saint-Vincent ait eu l'imprudence de s'expoſer à un pareil inconvénient.

On dit *Madame de Saint-Vincent*, parce qu'il eſt évident que les prétendus Ecrivains auxquels elle dit avoir

avoir confié le ſoin de former ces billets, ont dû en combiner avec elle les échéances & les dates, & n'ont pu être que les copiſtes des projets qui leur étoient fournis. Mais, quand on adopteroit encore cette partie du ſyſtême de Madame de Saint-Vincent, quand on ſuppoſeroit que le ſoin de combiner les dates & les échéances auroit été abandonné aux Ecrivains, l'objection que nous lui faiſons n'en ſeroit que plus forte. Jamais un Ecrivain quelconque ne ſe ſeroit aviſé de donner à un titre obligatoire une date poſtérieure à celle du jour où il le rédigeoit, encore moins une date poſtérieure de pluſieurs mois.

Le ſeul bon ſens ne permet donc pas de ſuppoſer que les billets aient été formés avant l'époque qui réſulte de leur date. Si l'on pouvoit ajouter une foi entiere aux déclarations qu'a faites le Sr Abbé de Tranſe, on y trouveroit en effet la preuve que ce billet, & même tous les autres, n'ont été écrits que le 8 Mai.

Le ſieur Abbé de Tranſe a ſuppoſé, dans ſon interrogatoire *, que Madame de Saint-Vincent lui avoit parlé du billet au porteur de 300,000 livres qu'elle avoit reçu de M. de Richelieu, & du projet qu'elle avoit de le faire couper en pluſieurs billets de différentes échéances. Il ajoute que, pour remplir cet objet, il avoit écrit les projets de tous les billets qui devoient former l'échange; qu'il n'en reconnoît néanmoins que deux; ce qui lui fait préſumer que Madame de Saint-Vincent, à qui les échéances que portoient ſes projets ne convenoient point, en avoit fait

* V. ſon interr. art. 2, 4 & 7

S

refaire huit, & n'avoit employé que deux de ceux qu'il avoit écrits. Or quelle eſt l'époque que le ſieur de Tranſe donne à ſon opération? *C'eſt*, dit-il, *dans le courant d'Avril, ou commencement de Mai.* Il répete encore qu'il a vu, à cette époque, entre les mains de Madame de Saint-Vincent, le billet de 300,000 livres qu'il s'agiſſoit d'échanger.

Malgré l'eſpece d'incertitude que l'Abbé de Tranſe laiſſe ſubſiſter ſur l'époque qu'il donne à ſon opération, il n'eſt pas poſſible d'héſiter ſur le choix. La date de ſon opération fixe celle des Ecrivains par leſquels il ſuppoſe que Madame de Saint-Vincent a fait refaire huit des dix billets qu'il avoit écrits lui-même. Cette opération, qui a ſuivi la ſienne, ne peut pas être de beaucoup poſtérieure. La date *du commencement de Mai* étant celle des deux préſentées par l'Abbé de Tranſe qui quadre mieux avec la date *du huit Mai* que porte l'un des billets formés dans la ſeconde opération, il eſt évident que c'eſt la ſeule à laquelle on peut donner la préférence.

Il doit donc demeurer pour conſtant que le billet qui porte la date *du huit Mai* n'a été formé qu'à cette époque. Ce fait s'établit par deux ſortes de preuves: 1°. il eſt impoſſible de ſuppoſer raiſonnablement qu'on ait donné au titre une date poſtérieure à celle du jour où il auroit été ſigné: 2°. la date, que porte ce dernier billet, s'accordant plus naturellement avec la ſeconde des deux époques à laquelle l'Abbé de Tranſe applique la propoſition qui lui a été faite, détermine le choix entre les deux, & recule nécessairement jusques *au commencement de Mai* le fait de l'échange que Madame de Saint-Vincent suppose.

Ces faits posés, voyons comment Madame de Saint-Vincent pourra échapper aux conséquences qui en résultent, & qui prouvent la fausseté de son systême.

Si elle tentoit aujourd'hui de reculer jusqu'*au commencement de Mai* l'époque de cet échange qu'elle avoit d'abord fixé d'une maniere certaine en *Février*, ou *Mars*, & qu'elle a néanmoins reporté ensuite *en Avril*, ce seroit une troisieme variation de sa part, qui seroit peu propre à inspirer la confiance. Mais elle s'en gardera bien : elle ne peut ignorer que dès le mois d'*Avril*, & même *dès les premiers jours* de ce mois, elle a présenté à la négociation des billets de 20, 25, 30, 40, 50 mille livres; c'est-à-dire, les mêmes billets qu'elle ne pouvoit avoir reçus qu'en échange de celui de 300,000 livres. Elle doit prévoir que les informations auront constaté ce fait important. Il lui seroit donc impossible de reculer *en Mai* un échange inconciliable avec le fait de la négociation commencée un mois avant.

Elle ne peut pas même s'arrêter à la seconde époque du mois d'Avril, puisqu'une négociation commencée *dès les premiers jours* de ce mois, supposeroit l'échange fait au moins en fin *de Mars*.

Mais elle ne peut plus même adopter les époques *de Février*, ou *Mars*, ni celle d'*Avril*, parce que les deux premieres ſe trouvent inconciliables avec les dates des *quatre Avril & huit Mai*, que portent deux des billets, parce que la troiſieme ſeroit inconciliable avec la date du ſecond de ces billers; enfin, parce que toutes trois ſeroient inconciliables avec la déclaration du ſieur Abbé de Tranſe, qui reporte le prétendu projet d'échange au commencement de Mai.

Quelque étendue que l'on donne à cette déclaration, elle ne s'accordera jamais avec le ſyſtême de Madame de Saint-Vincent. Elle a pu, ſans doute, dans ce ſyſtême, faire écrire les projets de billets deſtinés à l'échange en différens tems. Mais l'échange de ces billets avec celui de 300,000 liv. auroit été une opération néceſſairement indiviſible. Elle n'auroit pu être conſommée vis-à-vis de M. de Richelieu qu'en une fois, & le même jour. Dès lors il ſera toujours impoſſible de faire quadrer le fait de cet échange, 1o. avec celui de la négociation prouvée dès *les premiers jours d'Avril*; 2°. avec la déclaration de l'Abbé de Tranſe. Cette déclaration, priſe dans le ſens le plus étendu, ne donne que le choix entre *fin d'Avril, ou commencement de Mai.* C'eſt la plus forte extenſion que l'on puiſſe donner à cette expreſſion, *dans le courant d'Avril ou commencement de Mai.* Si l'échange n'étoit point encore fait en *fin d'Avril*, ou *commencement de Mai*, il eſt impoſſible que les billets qui ont été négociés *dès les premiers jours d'Avril* ſoient le prix de cet échange. Cependant ils ne peuvent avoir que cette ſource dans le ſyſtême de Madame de Saint-Vincent. Donc ce ſyſtême eſt évidemment faux.

Mais quelle eſt donc la vérité qu'il faut ſubſtituer à cette fable? Il n'eſt pas difficile de la ſaiſir. Les billets n'ont point eu pour objet un échange chimérique. Ils n'ont point été faits en même tems. Madame de Saint-Vincent les a fabriqués à diverſes époques, ſelon que ſa cupidité l'y portoit. C'eſt par cette raiſon qu'ils ont des dates différentes, & que pluſieurs en ont de poſtérieures à toutes les époques qu'elle ſeroit forcée de donner au prétendu échange. C'eſt par cette raiſon que les billets ne quadrent point avec la ſomme du prétendu billet échangé; c'eſt par cette raiſon que le billet de 300,000 livres s'eſt trouvé encore entre les mains de Madame de Saint-Vincent longtems après le prétendu échange. Si elle avoit réellement propoſé dans le courant d'Avril ou commencement de Mai au ſieur Tranſe de lui faire les billets qu'il dit avoir écrits dans l'objet de cet échange, ce ſeroit une impoſture dont elle l'auroit abuſé. Mais il y a tout lieu de croire que le ſieur de Tranſe a voulu la ſervir en avançant un fait qui n'a aucune vraiſemblance. Il n'a point écrit d'autres billets que ceux qu'il a reconnus pour être de ſon écriture. Aucune raiſon ne pouvoit porter Madame de Saint-Vincent à emprunter, pour la réformation des échéances, une autre main que celle du ſieur Abbé de Tranſe qui étoit déja dépoſitaire de ſon ſecret. C'eſt ici une déclaration mendiée, mais, heureuſement pour le triomphe de la vérité, trop mal combinée, ou c'eſt un plan déconcerté par l'infidélité de la mémoire de celui qui a fait la déclaration ſuggérée.

Il feroit inutile d'ajouter de nouvelles preuves à celles que l'on vient d'expofer. Mais on ne doit rien negliger pour l'inftruction de la Juftice. Deux obfervations vont achever de démontrer la fauffeté de cette derniere partie du fyftême de Madame de Saint-Vincent.

1°. Selon elle, la converfion du billet de 300,000 livres n'auroit eu pour objet que de faciliter à M. de Richelieu les moyens d'acquitter fon premier engagement. C'étoit donc avec lui qu'il falloit concerter & les échéances & les fommes qu'il devoit s'engager de payer à chacune de ces échéances. Cependant il faudroit fuppofer que Madame de Saint-Vincent auroit feule combiné arbitrairement & les divifions des fommes & les époques des paiemens ; elle les auroit dictées à fes Ecrivains ; elle les auroit réformées à fon gré, & M. de Richelieu auroit foufcrit à tout.

2°. Quels font donc les Ecrivains dont Madame de Saint-Vincent a employé le miniftere ? Nous connoiffons l'Abbé de Tranfe pour en avoir écrit deux. Mais par qui les huit autres ont-ils été faits ? On a fouvent interrogé Madame de Saint-Vincent fur cet article, & la Juftice n'a jamais pu pénétrer ce myftere. Ce font, dit elle, des Ecrivains *publics*. Il femble qu'un feul auroit fuffi pour l'opération. Mais fi l'on a employé *plufieurs* Ecrivains, il doit être plus facile d'en indiquer quelques-uns.

Il n'eft point indifférent pour la Juftice de les connoître & de les entendre. On faura par eux dans quels tems ils ont écrit les billets, s'ils les ont faits en même tems, ou à des époques différentes, les motifs qu'on leur a donnés de cette opération.

Madame de Saint-Vincent & le ſieur de Vedel ſentent tout le danger de ces éclairciſſemens : ils acheveroient de détruire la fable de l'échange. Tous deux reſtent muets. Ils ne peuvent indiquer un ſeul de ces Ecrivains, ni les places où on les a été chercher, ni les perſonnes qui ont été les chercher, ou qui leur ont porté les modeles à copier, ni ce qui leur a été donné pour leur ſalaire. Tout eſt échappé de leur mémoire. Le ſieur de Vedel lui-même, qui déclare *avoir fait écrire les billets*, n'eſt pas plus inſtruit, & lorſqu'on lui demande *pourquoi il a emprunté le ſecours d'Ecrivains publics* pour une opération qui devoit lui paroître ſi innocente, il répond qu'il faut demander à Madame de Saint-Vincent *pourquoi elle ne l'a pas prié d'écrire lui-même* *.

Mais c'eſt inutilement que Madame de Saint-Vincent eſſaie, par des réticences criminelles, de dérober à la Juſtice de nouvelles preuves d'un crime déſormais trop évident. La vérité perce de toutes parts. Les libéralités de M. de Richelieu n'ont plus de principe apparent, ou plutôt il a démontré la fauſſeté de tous ceux qu'on avoit voulu indiquer. Ses promeſſes diſparoiſſent néceſſairement avec leur faux principe, & rentrent dans la foule des autres impoſtures que renferme la correſpondance de Madame de Saint-Vincent & du Major. Il n'exiſte plus de cette premiere partie du Roman que la réalité des promeſſes faites par Madame de Saint-Vincent au

* V. Premier interrogatoire de Madame de S. Vincent, art. 37, 38, 39; ſecond interrog. art. 4, 5, 6; & le deuxieme interrog. du ſieur Vedel, art. 4, 5, 6 & 7.

ſieur de Vedel, *& le ſecret de ſes deſtinées.*

La cauſe de la libéralité & les prétendues promeſſes étant anéanties, c'en ſeroit aſſez pour faire tomber le don, qui n'en pourroit être que la conſéquence : mais d'ailleurs les titres dont on ſe ſert pour le prouver, ſont marqués au coin de la fauſſeté la plus frappante. Le premier eſt détruit par une fauſſe acceptation, qui ne permet pas d'y reconnoître un titre ſérieux. Un titre faux n'a pas pu produire des échanges réels. Auſſi tout ce qui ſort de cette baſe chimérique ſe trouve-t-il démenti par des faits certains, ou n'eſt-il ſoutenu que par des variations & des contradictions, ou par des réticences plus ſuſpectes encore.

IVe *Réflexion.*

Conduite de Madame de Saint-Vincent, depuis l'époque où elle prétend avoir reçu les billets.

Quand on a connu la valeur des titres de Madame de Saint-Vincent, on n'eſt plus étonné de l'uſage qu'elle en a fait, ni de ſa conduite depuis le moment où ſon crime a été découvert.

I. La démarche qui a été faite vis-à-vis du Notaire de M. de Richelieu devoit être une ſuite de la méfiance qu'inſpiroit le mauvais ſuccès de la fauſſe acceptation *Peixotto* *. Il étoit prudent de ſonder ce qu'on pouvoit ſe promettre d'un ſecond faux exécuté avec plus de précaution.

* V. ci-deſſus, pages 53 & 54.

Quelque confiance que dût inſpirer la ſurpriſe faite au Notaire, il eût été dangereux de ſe rendre trop difficile dans la négociation de pareils effets. 140,000 livres

livres ſont livrés pour 70,000 l. *. On accepte tous les prix que la crédulité ou l'ardeur du gain veulent bien riſquer. Ce n'eſt point le beſoin qui force de ſouſcrire à ces marchés uſuraires, & de manquer à la prétendue parole donnée à M. de Richelieu de ne point négocier. 43,000 livres extorqués en Novembre 1773 n'empêchent point de faire en Mai & Juin une ſeconde opération plus odieuſe encore : mais, malgré les myſteres dont on enveloppe ces négociations, il eſt à craindre que le ſecret ne s'évente ; il vaut mieux ſe contenter d'un moindre bénéfice. Il faut aller loin du crime, loin du Public ſurpris & du Tribunal vengeur, jouir en ſecret du fruit de ſes forfaits : on multiplie les agens & les reſſources pour tâcher de convertir des papiers dangereux en une fortune plus ſolide.

* V. ci-deſſus, p. 54, 55, & 56.

II. MAIS la multitude même des négociations donne de la défiance ſur les effets. Les inquiétudes des Acheteurs trahiſſent le ſecret ; l'affaire éclate. M. de Richelieu déſavoue & porte à Madame de Saint-Vincent elle-même ſes plaintes d'une *fripponnerie* dont il ne peut encore la ſoupçonner *. L'impoſture, ſurpriſe dans un moment imprévu, ſe déconcerte & ſe décele. Au lieu d'avouer les billets, & même une négociation qui n'auroit été qu'un manque de procédé, Madame de Saint-Vincent affecte une ignorance, inconciliable avec la réalité de ſes titres *. Dans l'eſpérance de pouvoir encore cacher ſon crime, & d'en effacer les traces, elle

* V. ci-deſſus, pag. 59, 60, 61, 62, 63, 64, 65 & 66.

* V. ci-deſſus, ibidem.

présente son propre Complice pour éclairer le mystere qu'elle veut couvrir *. M. de Richelieu ne tombe point dans ce piege grossier. On essaie de soustraire à ses recherches le corps du délit. La séduction, les menaces, le sacrifice d'une partie du bénéfice, la ruse la plus criminelle, tout est employé pour arracher des mains de Rubit & les titres fabriqués, & les certificats qui en décelent tout-à-la-fois la fausseté & les complices *. Les alarmes de Madame de Saint-Vincent augmentent avec la méfiance & les refus de cet agioteur. Elle ne peut obtenir de lui que la promesse d'un secret dont elle veut s'assurer par des artifices odieux *. Le péril s'accroît. Elle sait les informations de la Police; elle essaie d'en rallentir l'activité par de fausses confidences déposées dans le sein du Magistrat; elle cherche à le tromper par des détours; mais ces détours ne servent qu'à démasquer ses mensonges *. Alors tout est perdu : la terreur s'empare de Madame de Saint-Vincent. La paix du sommeil fuit son ame agitée par la crainte & les remords. *Elle se meurt*; elle rappelle en vain auprès d'elle ceux qui avoient coutume de porter la *consolation* dans son cœur. Tout l'*abandonne;* elle est perdue, il faut qu'*elle parte;* il lui faut de l'argent, *sans quoi elle est prise* *; elle n'a plus de ressource que dans une fuite, qui ne peut servir qu'à prouver le témoignage de sa propre conscience. Mais pour faciliter son évasion, au milieu même des terreurs qui l'agitent, elle essaie encore de tromper la crédulité publique par une nouvelle négociation de ces mêmes titres qu'elle est prête d'abandonner *.

* V. ci-dessus, page *66*.

* V. ci-dessus, pag. 67, 68, 69 & 70.

* V. ci-dessus, *ibidem*.

* V. ci-dessus, pag. 70, 71.

* V. ci-dessus, pages 71, 72 & 73.

* V. ci-dessus, page *73*.

III. La prudence du Gouvernement, en prévenant ses projets, assure la vengeance de la Justice. Mais Madame de Saint-Vincent a pris des précautions pour détourner les pieces qui peuvent la trahir. Les billets non-négociés, les lettres de M. le Maréchal qui auroient dû servir à sa justification, celles qu'elle a reçues du Major, tout est écarté ; & c'est dans des dépôts mystérieux qu'on est obligé d'aller chercher une correspondance dont on ne représente que des fragmens. Le Major lui-même a prévu que l'orage pourroit le menacer. Il a déposé chez la Courtiere des négociations les pieces qui peuvent dévoiler l'origine, l'objet & les progrès de l'intrigue. Cette Dépositaire trop fidelle dissimule une partie de ce dépôt précieux, que le seul hasard ramene sous la main de la Justice. Enfin la noirceur fabrique dans l'obscurité des prisons une derniere imposture destinée à couvrir toutes les autres *; mais ce fantôme fuit au moment où la Justice veut le saisir ; & Madame de Saint-Vincent, pour échapper à la punition d'un nouveau crime, abandonne elle-même le titre qui paroissoit le plus propre à opérer sa justification.

* La prétendue paternité de M. de Richelieu.

On n'avoit pas besoin de ces dernieres preuves pour convaincre Madame de Saint-Vincent. La fausseté des billets & des lettres, qu'elle attribue à M. de Richelieu, étoit complétement démontrée par les trois réflexions qui ont précédé ; la Justice auroit même pu prononcer sur la seule preuve physique qui résulte de l'inspection des pieces.

Cependant Madame [illegible] oue point encore sa défaite. Son [illegible] plutôt la nécessité l'oblige de lutter encore [illegible] la vérité qui la terrasse. Il lui reste quatre objections qu'il faut discuter.

OBJECTIONS de Madame de Saint-Vincent.

Madame de Saint-Vincent appelle d'abord à son secours l'Abbé de Villeneuve, l'Abbé de Transe, l'Abbé Froment, Vedel & *son cher Bennavent.* Leurs déclarations doivent justifier ses assertions.

2°. Ces signatures, que M. de Richelieu dénie, ont été reconnues par des personnes qui lui sont attachées.

3°. S'il existe un faux, d'où peut-il provenir? Elle tient les billets de M. de Richelieu; elle veut bien en faire le sacrifice. Mais, s'ils sont faux, est-ce à Madame de Saint-Vincent qu'il doit en imputer la fausseté?

4°. Enfin, la pureté de son origine, & le jugement de sa famille, celui sur-tout du vieillard respectable qui lui a donné le jour, écartent d'elle le soupçon d'un crime aussi horrible.

RÉPONSES.

Deux observations suffiroient pour enlever à Madame de Saint-Vincent les témoignages importans qu'elle invoque. 1°. Tous ceux qu'elle appelle à son secours sont eux-mêmes accusés, la plupart convaincus, ou au moins très-suspects de complicité, & tous coupables d'avoir coopéré à des négociations trop évidemment frauduleuſes pour qu'ils aient pu les croire légitimes. 2°. Ils détruiſent la confiance, qu'ils veulent inſpirer, par l'affectation mal-adroite avec laquelle ils s'efforcent d'accréditer les fables de Madame de Saint-Vincent dans ces libelles injurieux où ils s'arrogent le droit d'impoſer au Public la loi d'adopter leur opinion ſur la queſtion du faux, au moment même où ils ſoutiennent qu'elle ne doit point les intéreſſer.

Mais approfondiſſons ces témoignages concertés, & voyons s'il eſt prudent à Madame de Saint-Vincent de les réclamer.

Réponſe à la premiere Objection.

I. L'ABBÉ FROMENT n'a connu, ſelon lui-même, que ce dont Madame de Saint-Vincent a bien voulu lui faire part. Il n'a vu que ce qu'elle lui a montré. Il a vu & lu les deux mandats. Cela peut être : mais pourquoi avoit-il d'abord gardé une réticence ſuſpecte ſur l'acceptation? Et pourquoi a-t-il fallu le preſſer dans ſon interrogatoire, pour lui faire avouer qu'il avoit auſſi vu la ſignature du ſieur Peixotto? Pour ſe diſpenſer de s'expliquer ſur ce fait, il ſuppoſe qu'on ne lui a fait aucune confidence à cet égard. A la bonne heure : mais il trahit lui-même, ſans s'en appercevoir, Madame de Saint-Vincent. Cette fauſſe acceptation, qu'elle dit n'avoir été miſe que par plaiſanterie, n'avoit donc point été effacée ſur le champ, puiſqu'elle exiſtoit encore lorſque Madame de Saint-Vincent a montré le mandat au ſieur Froment. Elle a pu auſſi lui montrer de prétendues lettres de M. de Richelieu qui parloient d'argent; mais ce n'eſt pas dans celles qu'il a vu réellement apporter par un domeſtique de M. de Richelieu, qu'il a remarqué rien de pareil; il n'y a vu que des témoignages d'*affection* & de *zele*. Pourquoi d'ailleurs ne trouve-t-on point aujourd'hui, dans le dépôt de Madame de Saint-Vincent, ces lettres ſi préciſes qu'elle a montrées au Sr Froment, ces lettres dont il prétend ſe rappeller les termes, & par leſquelles M. de Richelieu *promettoit d'acquitter le mandat à ſon échéance?* Peu importe que l'Abbé Froment ait vu écrire à Madame de Saint-Vincent la lettre du *treize*, & revenir le paquet du *quatorze*. Il n'a pas vu décacheter ce paquet important. Le porteur a paſſé dans l'appartement de Madame de Saint-Vincent qui l'y a ſuivi, & eſt rentrée dans la chambre de l'Abbé avec un paquet décacheté. N'oublions point enfin que ce plus proche voiſin de Madame de Saint-Vincent, dans le Couvent, n'y a vu venir M. de Richelieu que *trois* ou *quatre* fois, & qu'il y a vu venir *aſſidument* le ſieur de Vedel.

L'ABBÉ DE VILLENEUVE n'a de même été inſtruit que par des propos vagues de Madame de Saint-Vincent. Il a vu le mandat; mais il ſe tait, par diſcrétion, ſur l'acceptation. Tout ce qui s'eſt paſſé depuis ne lui a été connu que par les dépenſes plus conſidérables qu'il a vu faire à ſa tante. Elle les attribuoit aux bontés de M. de Richelieu, & ne lui faiſoit aucune confidence plus intime. Il a vu entre ſes mains une reſcription dont elle lui a diſſimulé la véritable origine, puiſqu'elle s'eſt contentée de donner vaguement à cet effet pour principe les prétendus bienfaits de M. de Richelieu, en lui taiſant les billets qu'elle dit aujourd'hui en avoir reçus, & la négociation qu'elle avoit faite de l'un de ces billets au ſieur de Préville, & qui étoit la véritable ſource de ces reſcriptions. Enfin, il ne s'eſt plus mêlé des affaires de ſa tante, & ne reparoît ſur la ſcene que pour ſe trouver le témoin de l'impreſſion qu'a fait ſur Madame de Saint-Vincent la lecture de la lettre par laquelle M. de Richelieu *nioit ſes billets*; pour démentir l'interprétation qu'elle eſſaie aujourd'hui de donner à cette même lettre, en ſuppoſant que M. de Richelieu n'y déſavouoit point ſes billets, mais en reprochoit ſeulement la négociation.

De quelle utilité pourroit lui être l'Abbé de Tranſe? Il ne tient rien que d'elle-même; & il a eu l'imprudence de déclarer qu'il n'a été chargé d'écrire les billets *qu'en Avril ou commencement de Mai*, & qu'il a vu encore, à cette époque, *entre les mains de ſa couſine le billet au porteur de* 300,000 *liv.*

Le fidele Bennavent ne peut pas la ſervir plus efficacement, lorſqu'en plaçant l'époque de ſa premiere connoiſſance au mois d'Avril 1774, il convient qu'il ne peut être que ſon écho ſur tout ce qui a précédé. Mais il la trahit lorſqu'il laiſſe ſaiſir ſur lui les lettres qui décelent la terreur dont M. de Saint-Vincent étoit frappée, la fuite qu'elle préméditoit, les artifices qu'elle avoit employés pour fermer la bouche à Rubit, & le projet d'une nouvelle contrefaction: lorſqu'il laisse saisir sur lui le modele trop tardif de la réponse qu'elle auroit dû faire à M. de Richelieu, au lieu de celle du 16 Juillet : lorsqu'il affecte de déclarer qu'il ne tient que de Madame de Saint-Vincent la lettre qu'il suppose lui avoir été écrite par M. de Richelieu, pour rejetter sur elle le faux dont cette lettre est arguée : lorsqu'il avoue avoir reçu d'elle, *le 22 Juillet*, la commission de négocier encore des billets : lorsqu'il se reconnoît pour l'émissaire député au sieur Marion : lorsqu'il convient avoir offert à Rubit un cautionnement solidaire pour retirer de ses mains les billets : lorsqu'il soutient, avec persévérance, que M[de] de St-Vincent lui a montré une lettre, par laquelle M. de Richelieu promettoit encore de souscrire de nouveaux billets : enfin lorsqu'il a l'audace d'attester au Public * que Rubit a montré au sieur Marion les billets avant de les acheter, & que M. de Richelieu a connu le billet de 60,000 liv., six semaines avant son départ, par une assignation que lui avoit donnée le sieur de Préville *dès le 17 Mai*; tandis que Rubit n'a point osé lui-même alléguer un fait qui auroit été si intéressant pour lui; tandis que la Justice a sous les yeux la premiere demande du sieur de Preville, qui n'est que *du 28 Juillet*.

* V. son Mémoire imprimé, page 11.

DAIGNERONS-nous enfin porter nos regards sur les déclarations du sieur *de Vedel*, cet homme qui ne peut nier les liaisons les plus intimes avec Madame de Saint-Vincent; disons-le nettement, cet homme que tout annonce comme le véritable complice d'un crime

crime dont il devoit profiter (1) ? Il a vu, dit-il, les lettres écrites par Madame de S. Vincent & les réponſes de M. de Richelieu, qui conſtatoient la réalité de ſes promeſſes. Il a mis lui-même les premieres à la Poſte ; il a retiré les autres du Courier. Cependant il ne ſe trouve pas, au nombre des pieces dépoſées, une ſeule lettre qui porte le timbre de la Poſte. Mais quand on lui ſuppoſeroit encore, contre toute évidence, une bonne foi que tout dément, & une erreur qui ne pouvoit plus ſubſiſter après toutes les preuves qu'il s'étoit procurées des menſonges de Madame de Saint-Vincent, que réſulteroit-il de ſes déclarations & des prétendues précautions qu'il dit avoir priſes pour s'aſſurer de la vérité ? Une preuve de plus de la fauſſeté habituelle d'une femme dont il ſavoit lui-même qu'on ne pouvoit trop ſe défier. Madame de Saint-Vincent aura redoublé d'adreſſe, en proportion des démarches que le ſieur de Vedel prenoit pour ſe garantir contre ſes impoſtures ; elle forcera de ſoupçonner de nouvelles intrigues du même genre que celles qui couvroient ſa correſpondance avec Canron, & de nouvelles ruſes qui échappent encore aux regards de la Juſtice.

Réponſe à la deuxieme Objection.

II. MAIS, dit-on, ſi M. de Richelieu croit pouvoir écarter ces premiers témoignages, comment échappera-t-il à ceux des perſonnes même qui lui

(1) La preuve de cette complicité ſera l'objet d'un Mémoire particulier.

sontattachées ? Son Notaire, son Trésorier, son Avocat au Conseil, son Intendant même, ont reconnu les signatures qu'il dénie.

Ecartons d'abord le fait de l'Intendant. Rubit, d'après lequel Bennavent a osé l'invoquer, n'a jamais prétendu avoir montré au sieur Marion les billets qu'il a achetés, avant d'en consommer la négociation ; & le désespoir dans lequel il convient être tombé, lorsque cet Intendant lui fit lire & la lettre de M. de Richelieu du 12 Juillet, & la réponse de Madame de Saint-Vincent du 16 *, prouve bien que, dans cette entrevue qui étoit la premiere, on ne lui a point attesté la signature de M. de Richelieu.

* Voy. ci-dessus, page 66.

A l'égard des autres personnes, la surprise qui leur auroit été faite, ne pourroit prouver qu'une ressemblance, qui n'est point une preuve de vérité. On vantoit la ressemblance d'écriture de la fameuse lettre colportée par Me Lafitte, & cependant elle étoit fausse. Il est facile de se méprendre sur une fausse signature contretirée à la vitre d'après une véritable, lorsqu'elle est présentée seule, & séparée des moyens qui en peuvent faire découvrir la contrefaction. Madame de Saint-Vincent auroit été plus adroite, si elle avoit été moins avide : la trop parfaite identité, qui se trouve entre toutes les signatures, n'auroit point trahi son secret. Au surplus le Notaire même, dont on invoque le témoignage, ne put s'empêcher d'observer que la signature lui paroissoit *un peu maigre*, & pour s'autoriser de son suffrage il faut attendre que la repréſentation de toutes les pieces, lors du récolement l'ait mis en état de porter un jugement plus éclairé.

III. Après toutès les preuves que M. de Richelieu a données du faux qu'il pourſuit, la Juſtice ne lui demandera point d'indiquer la main qui l'a commis, & n'attendra point qu'il détourne de lui les odieux ſoupçons de Madame de Saint-Vincent. C'eſt entre les mains de celle-ci que ſe trouvent les titres faux. C'eſt elle qui les a négociés; c'eſt elle qui en a profité; c'eſt donc elle qui a commis le crime, à moins qu'elle n'indique qui en eſt l'auteur. *Is fecit ſcelus cui prodeſt.* *Réponſe à la troiſiieme Objection.*

Eh! comment pourroit-elle ſe défendre de la préſomption légale que cette ſeule conſidération éleve contre elle? Une foule d'autres circonſtances la déſignent & la nomment pour l'auteur du crime. La multitude des autres faux dont elle eſt convaincue, le rapport des moyens qu'elle employoit avec celui qui a évidemment produit les douze fauſſes ſignatures, ne la dénoncent-ils point ſuffiſamment? Les lettres même qu'elle a fabriquées, les précautions qu'elle a priſes pour défendre ſon crime, n'achevent-elles pas de confondre le ſubterfuge odieux dont elle s'eſt ſervie pour éloigner d'elle la vengeance de la Juſtice? En un mot, les mêmes preuves qui démontrent le faux, ne lui ôtent-elles pas tout prétexte d'en rejetter le crime ſur une main étrangere?

IV. La nobleſſe de ſon origine, & le jugement de ſa famille ne la défendront pas mieux. *Réponſe à la quatrieme Objection.*

M. de Richelieu ſe fera toujours un plaiſir & un devoir de rendre au ſang illuſtre dont eſt iſſue Madame de Saint-Vincent l'hommage qu'il mérite. Il eſt fait pour ſentir & reſpecter le préjugé légitime qu'élevent en faveur de la Nobleſſe Françoiſe ces ſentimens d'honneur qui la diſtinguent, & les vertus, pour ainſi dire, innées dont le germe fécond ſe développe par l'éducation & ſe nourrit par l'exemple. Mais ce préjugé, qui honore la Nobleſſe, lui impoſe des devoirs. Celui que ſa naiſſance éleve au-deſſus des autres, contracte avec la Société l'engagement de faire revivre les vertus dont il reçoit l'hommage par anticipation. Manquer à cet engagement, c'eſt renoncer au tribut d'un reſpect qui ſeroit uſurpé. Mais abuſer de la confiance même qu'inſpirent les titres dont on ſe décore, pour ſe livrer avec plus d'audace aux forfaits, pour tromper avec plus de ſécurité la foi publique; c'eſt ſe dégrader ſoi-même; c'eſt ajouter au crime une perfidie qui ne peut ſervir qu'à provoquer la ſévérité de la Juſtice. Si elle veut bien encore accorder au coupable, qui réclame les droits de ſa naiſſance, la diſtinction d'un Jugement plus ſolemnel, ce n'eſt que pour rendre ſa punition plus éclatante.

L'INTÉRÊT peu réfléchi, & peut-être excuſable, que paroîtroit prendre encore à Madame de Saint-Vincent une partie de ſa famille, ne la garantiroit point, ſans doute, du courroux de la Juſtice. Mais comment a-t-elle pu reprocher à M. de Richelieu d'avoir annoncé un abandon, dont il avoit pour garant la parole ſacrée du Chef même de cette famille reſpectable? En publiant la lettre du 23 Septembre, par laquelle ſon pere paroiſſoit avoir invité le Marquis de Caſtellanne à prendre ſa défenſe, elle a dû prévoir qu'elle forceroit M. de Richelieu à publier auſſi celle qu'il en avoit reçue dès le 13 Août. Comment s'eſt-elle expoſée à l'effet que doit produire la ſeule comparaiſon des dates & du ſtyle de ces deux lettres?

Il a fallu un intervalle de cinq ſemaines pour arracher à un vieillard, affoibli par un accident qui le conduiſoit au tombeau *, la rétractation des premiers ſentimens qu'il avoit exprimés, lorſque ſon cœur & ſon eſprit agiſſoient encore avec leur activité naturelle. Il ſeroit bien étonnant qu'un pere eût attendu ſi tard à voler au ſecours d'une fille qu'il auroit cru injuſtement perſécutée? Mais la lecture des deux lettres, & la différence du ſtyle, mettront plus à portée de diſtinguer celle qui préſente l'effuſion naturelle du cœur, de celle ou la foibleſſe n'a fait que copier la rétractation oſtenſible, dont il avoit reçu le modele. Les deux lettres ſont ſous les yeux des Lecteurs (1).

* Le Marquis de Vence, dès la fin du mois d'Août, s'étant trouvé dans le carroſſe de Madame de Marignane, dont les chevaux avoient pris le mors aux dents, & ayant voulu ſe précipiter hors de la voiture par la portiere, tomba ſur des pierres. Sa chûte fut ſi violente, qu'il en eſt mort dans le mois de Novembre.

---

(3) Voici les deux lettres écrites par le Marquis de Vence, les 13 Août & 23 Septembre.

Lettre écrite par le Marquis de Vence à M. de Richelieu le 13 Août 1773.

Permettez-moi, Monſeigneur, de ne vous expoſer d'autre ſentiment que celui de l'affliction profonde dans laquelle je ſuis abîmé. Je connois depuis long-tems les vices de la perſonne *monſtrueuſe* dont vous éprouvez les noirceurs. Je ne

Le fragment qu'on va rapporter de la premiere suffira pour mettre à portée de juger si elle ne contenoit *que*

---

vous dissimulerai même point, Monseigneur, que j'ai été long-tems affecté de la protection que vous avez accordée à un sujet déshonorant pour ses parens, & pour un mari vertueux; mais j'avoue que j'étois fort éloigné de connoître *l'atrocité du caractere*, & que je ne supposois dans la personne dont je parle, que les vices scandaleux qu'elle mettoit en pratique sous les yeux du Public, tellement *que je ne puis disconvenir qu'au bout de plus de vingt ans de pénitence, je m'étois laissé fléchir au point de consentir à quelqu'adoucissement à la rigueur d'un sort qu'elle avoit mérité, mais qui me paroissoit expié par une si longue pénitence* (1). Ainsi, Monseigneur, j'avoue que bien que j'aie été sincérement affligé des chagrins que votre crédit causoit à un homme que je ne puis me dispenser de respecter pour ses vertus, je sentois qu'un sentiment involontaire me consoloit en secret des déplaisirs que vous avez occasionnés à un homme auquel je ne tenois que par les liens de l'estime, qui sont assurément les plus indissolubles de tous, mais qui ne savent pas mettre en train les ressorts du cœur avec autant de dextérité & de sensibilité que les autres; je pensois d'ailleurs que *la malheureuse créature à laquelle je prenois un intérêt si naturel, devoit être corrigée, par le bénéfice du tems, des défauts qui l'avoient exposée au mépris public*; d'autant que le genre de mépris dont je parle trouve bien des tolérans dans ce monde, lorsque le vice qui l'attire n'est accompagné d'aucun de ceux qui excitent l'indignation. Je vous dois cet aveu, Monseigneur, & j'y ajoute que les bontés dont vous n'aviez cessé d'honorer le sujet dont il s'agit ici depuis les bienfaits dont il vous étoit redevable, avoient ranimé en moi des sentimens que j'avois cru pendant long-tems étouffés, & qui n'étoient qu'assoupis par le souvenir du passé; *mais*

---

(1) C'est donc avec la famille même de Madame de Saint-Vincent que M. de Richelieu avoit négocié cet arrangement.

des choses vagues sur cette malheureuse affaire. « Je con-
» noissois depuis long-tems les vices de la *personne*

je vous dois aujourd'hui une autre profession de foi, & prends la liberté de vous protester, Monseigneur, que depuis ce que vous m'avez appris, j'abandonne la personne dont j'ai parlé jusqu'à présent, à tout l'opprobre dont elle s'est rendue digne : trop heureux si on pouvoit l'ensevelir avec elle dans quelque retraite ignorée de tout le reste du monde, & moins irrité encore contre son inconduite que contre l'impudence qu'elle a eue d'avancer que des parens dont elle est la premiere qui ait flétri le nom, consentiroient à partager son infamie, en se montrant pour elle dans cette occasion.

J'ai l'honneur d'être, &c.

Lettre écrite par le Marquis de Vence à M. de Castellanne, telle que Madame de Saint-Vincent l'a fait imprimer.

Aix, Vendredi 23 *Septembre* 1774.

J'ai recours à vous, mon cher Cousin, dans une occasion qui me tient infiniment à cœur ; je viens d'apprendre avec le plus grand étonnement qu'on veut faire usage contre ma fille d'une lettre que j'ai écrite à M. le Maréchal de Richelieu. Cette lettre étoit en réponse à des choses très-honnêtes qu'il me disoit pour moi personnellement, & je n'ai pas pu faire autrement que de lui répondre *des choses vagues* (1) sur cette malheureuse affaire dont il me parloit.

Je sais que ma fille est incapable des horreurs qu'on lui impute. La franchise, & j'ose même le dire, l'honnêteté de son caractere en matiere d'intérêt, *excluent absolument* (2) l'imputation qu'on lui fait d'une fausseté sans exemple ; c'est

(1) Celui qui a envoyé le modele de cette lettre n'avoit pas sous les yeux celle que l'on vient de rapporter ci-dessus.

(2) Ce jugement est bien différent de celui que contient la premiere lettre ; & il faut convenir que la rétractation est bien légere, si elle n'a pour motif que cette considération.

» *monſtrueuſe* dont vous éprouvez les *noirceurs*. . . . » Mais j'avoue que j'étois fort éloigné de connoître » *l'atrocité du caractere*, & que je ne ſuppoſois, dans » la perſonne dont je parle, que les vices ſcanda- » leux qu'elle mettoit en pratique ſous les yeux du » Public.... Mais je vous dois aujourd'hui une autre » *profeſſion de foi*, & prends la liberté de vous *pro-* » *teſter* que, depuis ce que vous m'avez appris, *j'a-* » *bandonne* la perſonne dont j'ai parlé juſqu'à préſent » *à tout l'opprobre dont elle s'eſt rendue digne.* Trop » heureux ſi on pouvoit l'enſevelir avec elle dans

---

un témoignage que je ne ceſſerai jamais de lui rendre : je prendrai *toujours* à elle *l'intérêt le plus vif* (1). Je vous recommande, mon cher Couſin, ma malheureuſe fille (2), qui eſt indignement vexée, & ſur qui on veut imprimer une flétriſſure qu'elle ne mérite pas, & qui rejailliroit ſur moi & ſur tous les miens. Si mon âge & mes infirmités (3) me le permettoient, il n'y a aucune démarche que je ne fiſſe pour lui procurer la juſtice qui lui eſt due dans cette occaſion. Je remets ſes intérêts & les miens dans vos mains ; jamais affaire ne m'a autant intéreſſé que celle-là : je ne vous en dis pas davantage, & finis en vous aſſurant, mon che Couſin, de la tendre & fidele amitié que j'aurai toute ma vie pour vous (4).

Signé, VENCE.

---

(1) On auroit dû dire au moins, pour éviter un contraſte trop choquant, *je veux bien prendre déſormais*......

(2) Voilà une recommendation bien tardive.

(3) On auroit dû dire, & *la chûte que je viens de faire* & *qui vraiſemblablement doit me conduire au tombeau.*

(4) On laiſſe aux Lecteurs à comparer le ſtyle de cette lettre avec celui de la précédente, & à juger celle des deux qui appartient véritablement au pere.

» quelque retraite ignorée de tout le reſte du mon-
» de, & moins irrité encore contre ſon inconduite, » que contre L'IMPUDENCE *qu'elle a eue d'avancer que* » *des* PARENS, *dont elle eſt la premiere qui ait flétri le* » *nom*, CONSENTIROIENT A PARTAGER SON INFA- » MIE, *en ſe montrant pour elle dans cette occaſion* ».

Pere infortuné! vos yeux ne liront point au moins cet ouvrage deſtiné à juſtifier la proſcription terrible que vous aviez prononcée. Le Ciel vous a épargné la douleur de ſurvivre *à l'opprobre* de votre fille, & votre cœur ne ſera point déchiré par le repentir d'une rétractation arrachée à une foibleſſe trop excuſable. C'eſt au Public inſtruit qu'il appartient de venger votre mémoire de la ſurpriſe indigne qui vous a été faite; & ces vils artifices ne mettront point la coupable, que vous avez abandonnée, à l'abri des peines qu'elle a méritées.

LES Magiſtrats ont ſous les yeux toutes les preuves du faux que M. de Richelieu leur avoit dénoncé. Ils en connoiſſent les détails. L'énormité des ſommes dont Madame de Saint-Vincent s'eſt fabriqué des titres, ſuffiroit pour exciter l'indignation; mais ce qui aggrave ſon délit, c'eſt l'intrépidité, la perſévérance & le ſang-froid inconcevable avec lequel cette femme, à qui le crime eſt familier, a projetté, ourdi & conſommé celui qui fait l'objet de cette accuſation particuliere. L'audace de ſa défenſe égale celle de ſes forfaits. Elle a inventé les calomnies les plus atroces, pour colorer une juſtification impoſſible. Des li- *Concluſion.*

belles insultans ont été distribués pour accréditer des fables indécentes. On a vu ses lâches partisans alimenter par leurs intrigues les bruits qu'ils s'étoient chargés de répandre. Peut-être sont-ils parvenus à partager un instant l'opinion publique entre un homme décoré des premieres dignités de l'Etat, & une femme qui, pour se justifier d'un faux, est forcée de sacrifier son propre honneur, & d'avouer une conduite indigne de sa naissance. La Justice doit à la Société entiere un exemple, qui puisse arrêter les progrès d'un art perfide & d'autant plus dangereux, que les moyens qu'il emploie sont aujourd'hui malheureusement trop simples & trop connus; elle doit de plus à M. de Richelieu personnellement une vengeance, dont l'éclat & la nature répondent à l'atrocité des imputations que Madame de Saint-Vincent a cru pouvoir se permettre. *Signé*, le Maréchal Duc DE RICHELIEU.

Monsieur PETIT DE LA HONVILLE, Lieutenant-Particulier, Rapporteur.

Me TRONCHET, Avocat.

COURLESVAUX, Procureur.

PIECES JUSTIFICATIVES.

N°. Ier.

A Madame, Madame la Préſidente de Saint-Vincent, à Tarbes.

J'APPRENDS avec étonnement, ma chere Couſine, que vous avez été vous enfermer comme une pauvre petite victime, ſans condition, ſans précaution ni ſans raiſon, ſur-tout après la premiere démarche que vous aviez faite, & que perſonne n'étoit en droit de vous faire changer. Vous deviez donc attendre au moins des réponſes du Duc de la Vrilliere & de moi ; mais cela eſt fait, & *j'approuverai toujours les actes de ſoumiſſion que vous ferez à votre mari, & tous les arrangemens raiſonnables qui vous ſeront propoſés, auxquels je vous excite toujours à vous prêter.* Mais que vous a-t-on propoſé ? Vous voilà dans un cachot, où vous vous êtes miſe volontairement. Quand & comment en ſortirez-vous ? Voilà donc ce qu'il faut ſavoir, & pourquoi j'écris à l'Evêque pour m'en expliquer avec lui ; car je ne vous vois plus que moi pour reſſource ; mais je ne pourrai vous être utile à rien, ſi vous ne mettez pas un milieu entre les extrêmités d'une ſoumiſſion ſervile & une condeſcendance raiſonnable. *Vous avez la tête bien légere, ma chere Couſine, & cependant vous avez beſoin qu'elle mûriſſe ; vous me parlez d'une liſte de Couvens que vous propoſez, dont vous ne connoiſſez aucun.* Et avant qu'il y ait des réponſes & des connoiſſances priſes, & des arrangemens avec votre mari, vous ſerez morte demain dans votre cachot. L'Evêque dit que ce n'eſt que pour un mois : à la bonne heure ; mais vous devez ſentir votre fauſſe démarche, & combien il vous auroit été plus aiſé de traiter toutes les conditions *d'une tranſlation raiſonnable*, ſi vous n'étiez pas déja enfermée ; & vous aurez dû voir depuis, par la réponſe du Duc de la Vrilliere, que vous auriez lieu d'être contente, & qu'il entroit dans vos vues. Parlez donc à préſent doucement, mais ferme ; & en faiſant valoir votre ſoumiſſion préalable, demandez avec force & raiſon, 1°. *que l'Evêque vous tienne la parole donnée de n'être qu'un mois où vous êtes*; 2°. *d'avoir un séjour honnête & prompt*, hors Montargis, que je vous conseille très-fort d'écarter.

Voilà, ma chere Cousine, tout ce que je puis vous conseiller de mieux pour votre bonheur, où je voudrois fort pouvoir contribuer.

A Versailles, ce 12 *Avril* 1771.

N°. II.

Lettre véritablement écrite par M. de Richelieu.

Je ne seré jamais etonné *d'une etourderie* de votre part ma très chere bonne cousine mais vous ete cependant faite pour être bien aimée il me semble que l'interêt que vous ne devez pas douter que je prens a ce qui vous regarde meritoit un peu que *vous m'en disiez quelque chose mais je n'en suis pas a cela près avec vous* & pourvu que vous soyez heureuse, je seré content.

Ce lun.

Lettre contrefaite sur la véritable.

Je ne seré jamais étonné *que vous me dite* de votre part, ma très chere bonne cousine mais vous ete cependant faite pour être bien aimée, il me semble que l'interêt que vous ne devez pas douter que je prends a ce qui vous regarde méritoit un peu que *vous me croyez. J'enverrai votre mandat si je ne pas à Paris ces jours ci* & pourvu que vous soyez heureuse je seré content, *mais vous prendrez le tiers pour vous guider.*

Ce lun.

N°. III.

Lettre écrite par le Marquis de Vence à M. de Richelieu le 13 Août 1773.

Permettez-moi, Monseigneur, de ne vous exposer d'autre sentiment que celui de l'affliction profonde dans laquelle je suis abîmé. Je connois depuis long-tems les vices de la personne *monstrueuse* dont vous éprouvé les noirceurs. Je ne vous dissimulerai même point, Monseigneur, que j'ai été long-tems affecté de la protection que vous avez accordée à un sujet déshonorant pour ses parens, & pour un mari vertueux; mais j'avoue que j'étois fort éloigné de connoitre *l'atrocité du caractere*, & que je ne supposois dans la personne dont je parle, que les vices scandaleux qu'elle mettoit en pratique sous les yeux du Public, tellement *que je ne puis disconvenir qu'au bout de plus de vingt ans de pénitence, je m'étois laissé fléchir au point de consentir à quelqu'adoucissement à la rigueur d'un sort qu'elle avoit mérité*, *mais qui me paroissoit expié par une si longue pénitence* (1). Ainsi, Monseigneur, j'avoue que bien que j'aie été sincérement affligé des chagrins que votre crédit causoit à un homme que je ne puis me dispenser de respecter pour ses vertus, je sentois qu'un sentiment involontaire me consoloit en secret des déplaisirs que vous avez occasionnés à un homme auquel je ne tenois que par les liens de l'estime, qui sont assurément les plus indissolubles de tous, mais qui ne savent pas mettre en train les ressorts du cœur avec autant de dextérité & de sensibilité que les autres; je pensois d'ailleurs que *la malheureuse créature à laquelle je prenois un intérêt si naturel, devoit être corrigée, par le bénéfice du tems, des défauts qui l'avoient exposée au mépris public;* d'autant que le genre de mépris dont je parle trouve bien des tolérans dans ce monde, lorsque le vice qui l'attire n'est accompagné d'aucun de ceux qui excitent l'indignation. Je vous dois cet aveu, Monseigneur, & j'y ajoute que les bontés dont vous n'aviez cessé d'honorer le sujet dont il s'agit ici depuis les bienfaits dont il vous étoit redevable, avoient ranimé en moi des sentimens que j'avois cru pendant long-tems étouffés, & qui n'étoient qu'assoupis par le souvenir du passé; *mais je vous dois aujourd'hui une autre profession de foi, & prends la liberté de vous protester, Monseigneur, que depuis ce que vous m'avez appris, j'abandonne la personne dont j'ai parlé jusqu'à présent, à tout l'opprobre dont elle s'est rendue digne : trop heureux si on pouvoit l'ensevelir avec elle dans quelque retraite ignorée de tout le reste du monde, & moins irrité encore contre son inconduite que contre l'impudence qu'elle a eue d'avancer que des parens dont elle est la premiere qui ait flétri le nom, consentiroient à partager son infamie, en se montrant pour elle dans cette occasion.*

J'ai l'honneur d'être, &c.

Lettre écrite par le Marquis de Vence à M. de Castellanne, telle que Madame de Saint-Vincent l'a fait imprimer.

J'ai recours à vous, mon cher Cousin, dans une occasion

(1) C'est donc avec la famille même de Madame de Saint-Vincent que M. de Richelieu avoit négocié cet arrangement.

qui me tient infiniment à cœur ; je viens d'apprendre avec le plus grand étonnement qu'on veut faire ufage contre ma fille d'une lettre que j'ai écrite à M. le Maréchal de Richelieu. Cette lettre étoit en réponfe à des chofes très - honnêtes qu'il me difoit pour moi perfonnellement, & je n'ai pas pu faire autrement que de lui répondre *des chofes vagues* (1) fur cette malheureufe affaire dont il me parloit.

Je fais que ma fille eft incapable des horreurs qu'on lui impute. La franchife, & j'ofe même le dire, l'honnêteté de fon caractere en matiere d'intérêt, *excluent abfolument* (2) l'imputation qu'on lui fait d'une fauffeté fans exemple ; c'eft un témoignage que je ne cefferai jamais de lui rendre : je prendrai *toujours* à elle *l'intérêt le plus vif* (3). Je vous recommande, mon cher Coufin, ma malheureufe fille (4), qui eft indignement vexée, & fur qui on veut imprimer une flétriffure qu'elle ne mérite pas, & qui rejailliroit fur moi & fur tous les miens. Si mon âge & mes infirmités (5) me le permettoient, il n'y a aucune démarche que je ne fiffe pour lui procurer la juftice qui lui eft due dans cette occafion. Je remets fes intérêts & les miens dans vos mains ; jamais affaire ne m'a autant intéreffé que celle-là : je ne vous en dis pas davantage, & finis en vous affurant, mon cher Coufin, de la tendre & fidele amitié que j'aurai toute ma vie pour vous (6).

Signé, VENCE.

Aix, Vendredi 23 *Septembre* 1774.

---

(1) Celui qui a envoyé le modele de cette lettre n'avoit pas fous les yeux celle que l'on vient de rapporter ci-deffus.

(2) Ce jugement eft bien différent de celui que contient la premiere lettre ; & il faut convenir que la rétractation eft bien légere, fi elle n'a pour motif que cette confidération.

(3) On auroit dû dire au moins, pour éviter un contrafte trop choquant, *je veux bien prendre déformais......*

(4) Voilà une recommendation bien tardive.

(5) On auroit dû dire, *& la chûte que je viens de faire & qui vraifemblablement doit me conduire au tombeau.*

(6) On laiffe aux Lecteurs à comparer le ftyle de cette lettre avec celui de la précédente, & à juger celle des deux qui appartient véritablement au pere.

N° IV.

***ANALYSE** des deux lettres des 12 & 16 Juillet 1774, & réflexions importantes sur ces lettres.*

Comme ces deux lettres portent avec elles la conviction dans l'esprit, par les conséquences qu'elles offrent de toute part, on croit devoir les analyser avec la plus grande exactitude. Elles ont été écrites dans ces momens si précieux à la vérité, parce que les Parties intéressées ne sont encore placées que vis-à-vis d'elles-mêmes. Elles renferment des reconnoissances respectives & contradictoires, qui deviennent des preuves victorieuses contre des allégations postérieures enfantées par la nécessité de la défense.

D'abord il est impossible d'élever des doutes sur le point de sçavoir si la lettre de M. de Richelieu étoit conçue dans les mêmes termes que la copie qui en est représentée : on en a donné des preuves évidentes. Madame de Saint-Vincent a reconnu la copie pour être conforme à l'original qu'elle dit avoir perdu. Elle ne dispute que sur un seul mot, qui seroit indifférent. Mais ce seroit inutilement qu'elle auroit méconnu une vérité qui se prouve par la seule comparaison des deux lettres. La réponse de Madame de Saint-Vincent suppose nécessairement dans la lettre originale de M. de Richelieu tout ce qu'on lit dans la copie qu'il en présente : les voici toutes deux.

Lettre de M. de Richelieu.

J'aprends avec *étonnement*, ma chere cousine, qu'il se négocie pour 200000 liv. *de billets signés de moi.*

Ce qui *m'étonne* encore davantage c'est qu'on m'a dit *que vous etiez melée la dedans ce que je ne puis croire.*

Je vous prie d'écouter avec bonté le sieur Marion mon Intendant qui vous remettra cette lettre & *l'aider a demeler le fil de cette friponnerie*, que vous avez autant d'intéret que moi à ne pas laisser impunie . .

je ne vous parlerai pas d'autre chose dans cette lettre.

Réponse de Madame de Saint Vincent

Mon cher cousin, je reponds vite à votre lettre qui m'a causé autant *d'étonnement* qu'a vous *la nouvelle de ces billets . . .*

& *du nom de Madame de St Vincent qu'on dit etre melée la dedans* & que j'ignorois parfaitement

j'envoie cette lettre à Mr Marion par une personne *qui pourra l'aider a decouvrir quelque chose.* Et j'embrasse mon cher cousin. *Ecrivez moi ce que vous aprendrez.* Et aimez moi toujours. Car je suis bien fachée contre ceux qui me nomment sans me conoitre.

Ces deux lettres ont un rapport ſi néceſſaire entre elles, que la ſeconde ſuppoſe évidemment la premiere écrite dans les termes que l'on vient de rapporter.

Voyons maintenant les conſéquences qui réſultent de ces deux lettres. Pour en bien prendre le ſens, il faut en placer les auteurs dans la poſition qui les repréſente au moment où elles ont été écrites.

M. le Maréchal de Richelieu apprend à Bordeaux qu'on négocie à Paris des billets au porteur, prétendu ſignés de lui; & que c'eſt Madame de Saint-Vincent qui les répand dans le Public. De deux choſes l'une: ou M. le Maréchal connoiſſoit la vérité de ces billets, ou il étoit ſûr qu'ils étoient faux. Dans la premiere hypotheſe (1), il lui étoit impoſſible de les déſavouer vis-à-vis de Madame de Saint-Vincent, à qui il n'en pouvoit pas impoſer; & dans ce cas, en convenant de la vérité des billets, il ne lui reſtoit que le droit de ſe plaindre du procédé de Madame de Saint-Vincent, & d'une négociation précipitée faite avant le terme convenu.

Si ces billets étoient faux, M. le Maréchal de Richelieu a dû les déſavouer, annoncer les recherches & les pourſuites les plus rigoureuſes, interroger Madame de Saint-Vincent ſur la part qu'elle pouvoit avoir à la négociation qu'on lui imputoit, enfin l'inviter à ſe joindre à lui par intérêt pour elle-même, pour faire punir les coupables. Voilà ce que M. le Maréchal de Richelieu a dû néceſſairement écrire dans l'une ou l'autre hypotheſe.

Voyons à laquelle des deux répond la lettre qu'il a fait remettre à Madame de Saint-Vincent, par ſon Intendant, datée de Bordeaux le 12 Juillet, & qui lui a été rendue le 16 *après midi*. Chaque expreſſion mérite la plus grande attention.

J'apprends avec étonnement, ma chere Couſine, qu'il ſe négocie pour DEUX CENS MILLE LIVRES *de billets* SIGNÉS DE MOI (1).

(1) *Nota.* Cette premiere hypotheſe eſt le ſyſtême préſenté par Madame de Saint-Vincent.

(1) *Nota.* Il eſt eſſentiel de remarquer que M. le Maréchal ne parle que de 200,000 francs. Erreur dans laquelle il n'auroit point donné, s'il eût ſçu avoir ſouſcrit pour 425,000 livres de billets.

Que Madame de Saint-Vincent ait négocié des billets dont M. le Maréchal auroit connu la vérité ; cette nouvelle n'auroit point eu de quoi l'étonner ; il n'auroit eu à se plaindre, suivant Madame de Saint-Vincent elle-même, que d'une négociation anticipée ; & dans ce cas, il se seroit contenté de lui mander, qu'il apprenoit avec étonnement, qu'elle négocioit ses billets ; mais ce n'est point seulement sur la négociation que tombe l'*étonnement* de M. le Maréchal de Richelieu, c'est sur ce qu'on les négocie comme *signés de lui*, parce qu'il est sûr de n'en avoir point souscrit. Lui auroit-il marqué sa surprise sur ce qu'on répandoit des billets *signés de lui*, s'il en avoit été l'auteur ? Il s'exposoit à être confondu par Madame de Saint-Vincent qui auroit eu connoissance de la vérité de sa signature.

Ces premieres expressions renferment donc un désaveu formel des billets. Celles qui suivent répondent à la même idée : *ce qui m'étonne encore d'avantage, c'est qu'on dit que vous êtes mêlée là-dedans, ce que je ne puis croire*. Plaçons-nous toujours dans la premiere hypothese. M. le Maréchal de Richelieu avoit fait des billets au porteur ; il les avoit remis à Madame de Saint-Vincent ; il apprend qu'ils se négocioient ; il ne pouvoit donc pas douter qu'elle ne fût l'auteur de cette négociation. Cependant son *étonnement* redouble en apprenant *qu'elle est mêlée là-dedans*, & *il ne le peut croire*. Sa surprise a donc un autre objet que la négociation. Elle vient de ce qu'étant sûr que les billets sont faux, il ne peut croire qu'une femme de qualité, sa parente, & qu'il avoit obligée, *soit mêlée* dans une fausseté si atroce. Le sens de cette surprise détourné à un autre objet, c'est-à-dire, à la négociation, seroit une absurdité.

Passons à la suite de la lettre. *Je vous prie d'écouter avec bonté le sieur Marion mon Intendant, qui vous remettra ma lettre, & l'aider à démêler le fil de cette fripponnerie :* arrêtons nous à la premiere partie.

Si les billets avoient été vrais, quelle explication le sieur Marion devoit-il avoir avec Madame de Saint-Vincent ? M. le Maréchal de Richelieu, dans cette hypothese, les avoit souscrits ; Madame de Saint-Vincent les avoit négociés, il en étoit instruit; il sçavoit qu'il y en avoit au moins une partie de négociés. Le sieur Marion en avoit fait lui-même la découverte; il n'avoit donc rien à apprendre à cet égard, le mal étoit sans remede.

Mais comme M. le Maréchal de Richelieu avoit assuré le sieur Marion que les billets étoient faux, il avoit intérêt de savoir si Madame de Saint-Vincent avoit part à cette intrigue, par quelles mains elle avoit passé, le montant des billets négociés ou à négocier, & toutes les autres circonstances que l'instruction a depuis administrées.

Et l'aider à démêler le fil de cette fripponnerie. Ces expressions n'ont point besoin de commentaire. M. le Maréchal de Richelieu traite de *fripponnerie* ces billets, parce qu'il les déclare faux. Il invite Madame de Saint-Vincent à se joindre à son Intendant *pour la découvrir.* Il est donc impossible d'appliquer ces expressions à une simple négociation.

Mais cette négociation même de billets supposés vrais n'auroit point été *une fripponnerie.* D'ailleurs le Sr Marion n'avoit pas besoin du secours de Madame de Saint-Vincent pour la découvrir, elle étoit publique; elle n'avoit pas elle-même de grands efforts à faire pour concourir à cette découverte, puisque la négociation étoit son ouvrage.

Que vous avez autant d'intérêt que moi de ne pas laisser impunie. Quoi, Madame de Saint-Vincent a autant d'intérêt que M. de Richelieu à faire punir une négociation indiscrete dont elle est seule l'auteur! Elle a intérêt de se faire punir elle-même d'une démarche, qui peut être un défaut de procédé, mais qui n'est point un crime *qu'elle ait intérêt de ne point laisser impuni*! L'absurdité de cette interprétation révolte la raison, & décele l'embarras d'une Accusée convaincue.

Qu'il reste donc constant que la lettre de M. le Maréchal de Richelieu ne répond point à la premiere hypothese, c'est-à-dire, à la vérité supposée des billets; qu'il est impossible d'en détourner le sens au simple reproche d'une négociation prématurée, & enfin que toutes les expressions renferment le desaveu le plus formel des billets prétendu *signés de de lui*, qui ſont *une fripponnerie qui ne doit pas reſter impunie.*

C'eſt ainſi que M. le Maréchal de Richelieu s'en explique à l'inſtant même qu'il apprend la nouvelle de la négociation. C'eſt le premier mouvement qu'elle excite en lui. Et à qui ce premier mouvement eſt-il adreſſé ? C'eſt à Madame de Saint-Vincent, qu'il ſavoit bien qu'il ne pouvoit pas tromper, & qui pouvoit le déshonorer en publiant ſon déſaveu.

Après cette explication, il faut analyſer à ſon tour la réponſe de Madame de Saint-Vincent. Elle fut envoyée le 17 Juillet au matin décachetée au ſieur Marion par le ſieur Bennavent, & elle eſt datée du 16. Pour mieux ſentir l'intelligence des expreſſions qu'elle renferme, il faut placer Madame de Saint-Vincent dans la poſition où elle devoit être à la réception de la lettre de M. le Maréchal de Richelieu. De deux choſes l'une : ou cette lettre contenoit le déſaveu des billets, ou un ſimple reproche de la négociation. Dans le premier cas, la réponſe de Madame de Saint-Vincent ne devoit reſpirer que l'indignation & la menace des pourſuites les plus déshonorantes pour M. le Maréchal de Richelieu. Dans le ſecond cas, elle devoit s'excuſer de la négociation anticipée ſous prétexte de beſoins & de la néceſſité. Voyons encore à laquelle de ces deux idées répond la lettre de Madame de Saint-Vincent.

Mon cher Couſin, je réponds vîte à votre lettre qui m'a cauſé autant d'étonnement qu'à vous la nouvelle de ces billets.

Madame de Saint-Vincent convient donc d'abord que M. le Maréchal a dû être étonné de la *nouvelle des billets* ſuppoſés *ſignés de lui.* Elle partage à cet égard la ſurpriſe de M. le Maréchal ; ce qui ſuppoſe qu'elle penſe comme lui, que ces billets ſont faux, ce qui produit en elle *l'étonnement* que lui cauſe la lettre de M. le Maréchal.

Et du nom de Madame de Saint-Vincent qu'on dit être mêlé là-dedans, & que j'ignorois parfaitement. Madame de Saint-Vincent ignore donc toute cette intrigue, & les billets, & la négociation. Elle eſt étonnée *d'être mêlée là-dedans.* Quoi ! elle avoit entre les mains des billets vrais, elle les faiſoit négocier, & cependant elle méconnoît toute cette intrigue ! Peut-on un désaveu plus formel, & qui suppose plus évidemment celui que contenoit la lettre de M. le Maréchal de Richelieu ?

J'envoie cette lettre à M. Marion par une personne qui pourra l'aider à découvrir quelque chose. Ces expressions sont bien importantes. Madame de Saint-Vincent croit donc qu'il y a quelque chose à découvrir, & entrant dans les vues de M. le Maréchal de Richelieu, elle veut concourir à cette découverte. Pour cet effet elle envoie au sieur Marion une personne qui pourra *l'aider.* Or quel pouvoit être l'objet de ces recherches & de ces découvertes ? Madame de Saint-Vincent n'avoit besoin de personne pour découvrir le fil des négociations, puisqu'elles étoient son ouvrage. Il seroit donc absurde de faire tomber ces expressions sur la négociation. C'est donc sur la fausseté des billets que devoient tomber les recherches & les découvertes. C'est donc un aveu formel que Madame de Saint-Vincent fait à M. de Richelieu, puisqu'elle veut concourir avec lui pour découvrir cette fausseté, & ceux qui en sont coupables. C'est dans le sens même de la lettre de M. de Richelieu qu'elle propose de se joindre à lui pour découvrir, quoi ? Ce qu'il y qualifie de *fripponnerie.* Voilà donc une reconnoissance bien éclatante de la fausseté des billets. Car l'alternative est nécessaire : ou la lettre de Madame de Saint-Vincent suppose cette fausseté, ou elle n'a rapport qu'à la négociation. Or il est démontré qu'aucune des expressions qu'elle renferme ne peut convenir à cette derniere idée, & que par son analogie avec la lettre de M. le Maréchal de Richelieu, tous les termes répondent à la premiere idée, c'est-à-dire, à la fausseté des billets.

On a donc eu raison d'annoncer ces deux lettres comme seules décisives. Elles contiennent des reconnoissances respectives & contradictoires de la vérité que la Justice a tant d'intérêt de découvrir. D'un côté, M. le Maréchal de Richelieu déclare qu'il n'a jamais souscrit de billets au profit de Madame de Saint-Vincent ; d'un autre côté, elle reconnoît qu'elle n'en a jamais reçu, & que s'il en existe, ils sont faux ; car c'est la conséquence nécessaire qui résulte des lettres.

Quelle preuve plus forte pourroit-on desirer que celle que présentent l'aveu & les déclarations que les Parties intéressées se font réciproquement? Et quelle lumiere ces aveux ne répandent-ils pas sur le surplus de l'instruction qui elle-même n'en a pas besoin?

On ajoutera à cette analyse une observation qui mérite quelque attention, & qui développe quelles étoient les vues de Madame de Saint-Vincent quand elle a envoyé par le sieur Bennavent sa réponse décachetée au sieur Marion. Comme elle ne pouvoit pas soutenir à M. le Maréchal de Richelieu la vérité de sa signature, elle étoit forcée d'en avouer la fausseté; mais M. le Maréchal de Richelieu étoit à Bordeaux, c'étoit le sieur Marion qui seul faisoit des recherches & qui avoit fait les dernieres découvertes. On cherchoit à en arrêter l'activité, en lui faisant connoître un désaveu qui paroissoit les rendre inutiles, & on vouloit profiter de son inattention, pour multiplier les négociations avant qu'elles pussent être arrêtées par des poursuites judiciaires.

D'un autre côté, on lui avoit envoyé le sieur Bennavent, confident de toute l'intrigue, pour tâcher de l'abuser & de l'arrêter, & pour apprendre en même tems de lui, les découvertes que ses recherches avoient pu lui procurer, pour régler sur elles, la conduite des acteurs & la marche de l'intrigue. Ces vues ont dû si naturellement entrer dans l'esprit de Madame de Saint-Vincent, qu'elles se présenteront à toutes les personnes qui les compareront aux deux lettres qu'on vient d'analyser.

M. TRONCHET, Avocat.

www.ingramcontent.com/pod-product-compliance
Lightning Source LLC
LaVergne TN
LVHW012000220826
846092LV00001B/217

* 9 7 8 2 3 2 9 7 9 5 1 2 6 *